Streß, der Preis des Erfolgs?

17. IV. 93

Meiner Frau
von Herzen
und mit Herzen
[illegible]

Claudia Harss
Karin Maier

Streß, der Preis des Erfolgs?

Aktive Streßbewältigung für berufstätige Frauen

pal

Die Deutsche Bibliothek - CIP-Einheitsaufnahme

Harss, Claudia:
Stress, der Preis des Erfolgs? : Aktive Stressbewältigung für berufstätige Frauen / Claudia Harss ; Karin Maier. - Mannheim : PAL, 1992
(Frau im Beruf)
ISBN 3-923614-62-4
NE: Maier, Karin

Druck: C. Bockfeld, Neustadt

Der Umwelt zuliebe wurde dieses Buch auf chlorfreiem Papier gedruckt.

Inhalt

Vorwort

von Ilse Martin
(Herausgeberin)

Liebe Leserin,

eindeutig zeichnet sich in den 90igern der Trend ab, daß Frauen ihre berufliche Laufbahn planen und mit ihren individuellen Voraussetzungen gestalten wollen. Dabei erleben sie immer wiederkehrende Hürden, die in ihrer Person, aber auch in gesellschaftlichen Gegebenheiten liegen. Frauen suchen nach eigenen Lösungen und schaffen Beispiele. Im Beruf bringen sie mehr ein als ihre fachliche Qualifikation. Sie setzen die ganze Persönlichkeit ein, mit allen Kompetenzen, die sie auch in Beziehungs- und Familienarbeit erworben haben. An diesen Punkten setzt die Reihe ‹Frau im Beruf› an.

Praxisorientiert schreiben erfahrene Autorinnen aus Training, Personalberatung und Management für Frauen im Beruf von 20 bis 55 Jahren. Die Themen reichen von Bewerbung, Kommunikation, Konfliktbewältigung, Selbstmanagement, Streßbewältigung, Eigenwerbung, Existenzgründung und Führung bis Zeitmanagement für Frauen. Die praktischen Ratgeberbücher enthalten neben Checklisten und Identifikationsbeispielen einen breiten Serviceteil mit Adressen und Kontakten.

Sprachlich sind die Bücher der Reihe, wie könnte es anders sein, in weiblicher Form verfaßt.

Bis Ende 1993 ist diese Reihe vollständig und wird ca. 12 Bände umfassen. Die Buchreihe will Ihnen Mut machen, die Herausforderungen, die der Beruf an Sie stellt, anzunehmen und zu meistern. Auch bei Berufs- und Laufbahnberatung, in Personalabteilungen und bei Institutionen und

Verbänden sind die Bücher dieser Reihe eine große Hilfe.

Alleine das Lesen des vorliegenden Buches bereitet Freude. Es gibt Ihnen das gute Gefühl, daß aktive Streßbewältigung mehr ist als nur Streßabbau: Die ganze Persönlichkeit wird gestärkt! In diesem Sinne starten Sie mit der Frage: Streß, der Preis des Erfolgs?

Ich wünsche Ihnen viel Erfolg und Selbstsicherheit.

Ilse Martin
Herausgeberin

Einleitung

Als wir anfingen, Material für dieses Buch zu sammeln, sahen wir die Teilnehmerlisten unserer Seminare für weibliche Führungskräfte durch. Vielleicht, so dachten wir, finden sich Fallbeispiele, die unser Buch mit Leben erfüllen könnten. Dabei machten wir zwei interessante Entdeckungen:

1. Fast alle Frauen, die bei uns ein Führungsseminar besucht hatten, litten unter Streß. Für Frauen gehören Karriere und Streß offenbar zusammen.

2. Jede der Frauen, die unsere Seminare besucht hatte, zeigte in puncto Streßbewältigung mindestens eine „typisch weibliche“ Verhaltensweise, die für Streß bei Frauen charakteristisch ist.

Ist Streß also tatsächlich der Preis des Erfolgs? Hätten wir im Titel unseres Buches ein Ausrufezeichen statt eines Fragezeichens schreiben sollen? Ganz sicher nicht! Unser Verhalten, durch das wir uns nur allzuleicht in Streß versetzen, ist nicht angeboren, sondern anerzogen. Und was gelernt wurde, kann auch wieder verlernt werden.

Gemeinsam mit Ihnen wollen wir die Kiste weiblichen Rollenverhaltens durchforsten. Viele Schuhe sind Ihnen bestimmt längst zu klein geworden. Weg damit! Von anderen, auch wenn sie altmodisch sind, wollen Sie sich nicht trennen. Das ist Ihr gutes Recht - denn Sie tragen sie in Zukunft bewußt!

Claudia Harss
Karin Maier

1. Alle reden von Streß – Sie auch?

Streß ist zum Modewort geworden. In manchen Organisationen gehört er zum guten Ton und wird vom Top-Manager bis zur Schreibkraft vor sich her getragen wie ein Orden. „Tut mir leid, ich hab keine Zeit – bin so im Streß/ hab' so einen Streß/ bin so gestreßt!" Aber auch das gegenteilige Phänomen ist zu beobachten. Anzeichen von Überarbeitung, Nervosität oder körperliche Streßsymptome zu zeigen, ist mancherorts ein Armutszeugnis. Das gilt vor allem für Frauen: „Wie? Sie fühlen sich überfordert Frau XY? Sind Sie Ihren Aufgaben nicht gewachsen?" Na klar, Frauen sind eben nicht so belastbar – oder?

Grau ist bekanntlich alle Theorie ... Betrachten wir zunächst den Alltag von Andrea, einer erfolgreichen, dynamischen Managerin.

Von außen betrachtet ist Andrea zu beneiden. Sie hat alles, wovon man als Frau träumen kann: Im Beruf gelang ihr, scheinbar mühelos, ein rascher Aufstieg. Heute verdient sie 100 000,– DM im Jahr – nächstes Jahr vielleicht noch mehr. Ihr Chef schätzt sie als zuverlässige Mitarbeiterin. Andrea sieht gut aus: schlank, schick mit einer pfiffigen Kurzhaarfrisur und stets perfekt „gedreßt“. Ihren Freund, mit dem sie seit etwa zwei Jahren zusammenlebt, wird sie wohl demnächst heiraten. Wer bei Andrea eingeladen ist, fühlt sich in der gepflegten, geschmackvoll eingerichteten Wohnung sofort wohl. So auch der heutige Gast. Das Abendessen, das Andrea bereitet hat, schmeckt exquisit. In einem Silberkübel stehen frische Tulpen, farblich passend zur lila Tischdekoration. Andrea sprüht wie eine Wunderkerze, erzählt, lacht und hört geduldig zu. Der Gast verläßt gegen 24.00 Uhr beeindruckt, beglückt und wahrscheinlich auch ein wenig neidisch Andreas Wohnung.

So weit der äußere Anschein. Welch ein Ideal! Auch Andrea ist an diesem Abend mit sich zufrieden: „Termin Abendessen mit XY erfolgreich abgewickelt“ wird im Filofax vermerkt. Andrea führt seit einer Woche, als Ergebnis eines Fortbildungsseminars, „Zeittagebuch“. Ihr heutiger Tagesablauf liest sich so:

6.30 Uhr:
Der Wecker schrillt erbarmungslos und reißt mich aus dem Schlaf. Das darf nicht wahr sein – bitte noch nicht! Bin völlig übernächtigt. Letzte Nacht gegen drei Uhr aufgewacht. Konnte erst wieder einschlafen, als es draußen bereits zu dämmern begann. Qualvoll sind die eineinhalb Stunden des Wachliegens gewesen. Unaufhörlich kreiste eine Gedankenspirale in meinem Kopf: „Oh Gott, morgen muß ich unbedingt erstens... zweitens.... drittens. Plötzlich fiel mir ein unangenehmes Gespräch mit meiner Kollegin wieder ein. Wurde wütend, als ich an eine Gesprächssequenz dachte: So eine Frechheit – eigentlich hätte ich sagen sollen ... Und zwischendurch immer wieder der Gedanke: „Schon vier Uhr! – Ich muß jetzt endlich schlafen, sonst wird es morgen unerträglich!“ 6.35 Uhr: Schleppe mich ins Bad und betrachte mein Spiegelbild. „Das hast Du jetzt davon!“ Die Augen sind verquol-

len. Viele kleine Fältchen sind offenbar noch tiefer geworden, die Haare sehen aus wie ein störrischer Mob. Einen kurzen Anflug von Selbstmitleid verwerfe ich sofort: „Reiß' Dich zusammen!“ Haare waschen, fönen, Make-up, Seidenbluse, Kostüm – ab gehts!

7.45 Uhr:
Bin viel zu spät dran. Wenigstens die Betten hätte ich noch machen, die Küche noch aufräumen und die Zahnpastaflecken aus dem Waschbecken wischen sollen. Abends todmüde in eine unaufgeräumte Wohnung zu kommen, ist gräßlich! Außerdem kommt abends Besuch. Und mein Freund mault: „Wenn wir uns schon heute abend nicht sehen, könntest Du wenigstens eine Tasse Kaffee mit mir trinken, statt überall in der Wohnung herumzupusseln!“ Er hat gut reden – sein Dienst beginnt erst um neun!

8.00 Uhr:
Stehe an einer roten Ampel im dichten Berufsverkehr. „Heute komme ich zu spät!“ denke ich verzweifelt. „Fahr' zu, du Trottel da vorn!“ zische ich mit zusammengebissenen Zähnen. Mein Herz rast.

8.25 Uhr:
Sperre das Büro im zweiten Stock auf. Ein Kollege scherzt: „Es ist acht Uhr und 25 Minuten, Frau Müller!“ Rechtfertige mich beleidigt (Warum eigentlich?): „Sonst bin ich immer die erste.“

8.30 Uhr:
Auf dem Schreibtisch liegt der angefangene Bericht über das Projekt Xerxes. Bin gestern an einer schwierigen Stelle steckengeblieben. Spüre heute Hilflosigkeit und Abscheu, wenn ich den Bericht nur anschaue. Je tiefer man sich hineindenkt, desto komplexer und unlösbarer erscheint die Aufgabe. Außerdem muß schließlich die

normale Routinearbeit weiterlaufen. Greife nach einem Antragsformular für Gerätebestellungen, das bereits seit vierzehn Tagen auf meinem Schreibtisch liegt. Außerdem ist um 10.00 Uhr eine Sitzung angesetzt. Es lohnt sich nicht, vorher etwas Ernsthaftes anzufangen! Und die Blumen auf dem Fensterbrett müssen dringend gegossen werden ...

10.45 Uhr:
Sitze seit 30 Minuten in einer Besprechung. Blicke immer wieder verstohlen auf die Uhr. Zwei Abteilungsleiter haben sich in eine fruchtlose Debatte um ein Problem verstrickt. Dabei war dieses Thema doch letzten Montag in einer zähen, zweieinhalbstündigen Sitzung (scheinbar) geklärt worden! Die Zeit läuft. Der Sitzungsraum ist eng und zu stark geheizt. Fühle mich elend. Sitze wie auf Kohlen. Wann soll ich nur meinen Bericht fertigschreiben? Warum unterbricht keiner die beiden „Kampfhähne“, die sich auf Kosten aller profilieren müssen? Wäre am liebsten aufgestanden und gegangen. „Meine Herren, wenn Sie sich ausgetobt haben, wissen Sie ja, wo Sie mich finden!“ Aber das kann man sich natürlich nicht erlauben ...

11.30 Uhr:
Die Sitzung ist (endlich!!) beendet. Hetze in mein Zimmer. Zwei wichtige Kunden haben angerufen und erbitten dringend meinen Rückruf, sagt die Sekretärin. Auf dem Schreibtisch sitzend, telefoniere ich mit einem der beiden Anrufer. Der andere ist bereits aus dem Hause – Sch ... Notiere, welche Unterlagen der Kunde wohin geschickt haben möchte, und verspreche freundlich, mich noch heute (wann eigentlich?) darum zu kümmern. Ein netter Kollege steckt den Kopf zur Türe herein und fragt, ob ich mit zum Essen in die Kantine kommen möchte. „Nein, tut mir leid, ich habe wirklich keine Zeit – bin total im Streß!“

12.00 Uhr:
Verlasse im Laufschritt das Bürogebäude und steuere den nächstgelegenen Supermarkt an. Für das Abendessen brauche ich dringend noch frisches Obst und Gemüse und das Duschgel ist auch alle. Morgen fürs Frühstück muß auch noch einiges besorgt werden ... Mit zwei riesigen, schweren Einkaufstüten verlasse ich den Supermarkt. Nebenan kaufe ich noch einen Blumenstrauß, den ich mir unter den Arm klemme.

13.00 Uhr:
Gerade mein Make-up aufgefrischt und einige vertrocknete Kekse mit zwei Tassen Kaffee heruntergespült. Endlich Zeit zum Arbeiten! Und gerade jetzt kann ich mich kaum konzentrieren. Zeile um Zeile des Berichts wird zu Papier gequält. Zwischendurch klingelt dauernd das Telefon – die Sekretärin stellt mir in letzter Zeit wirklich jeden Anrufer durch.

17.30 Uhr:
Stehe vom Schreibtisch auf. Habe kalte Hände und Rükkenschmerzen. Immerhin, ein wichtiges Kapitel im Bericht ist geschafft! Jetzt nichts wie heim! Für den Besuch heute abend muß noch viel vorbereitet werden.

18.00 Uhr:
Stehe im dichten Berufsverkehr an einer roten Ampel (siehe oben). 18.30 Uhr: Endlich zuhause. Die Privatpost öffne ich im Lift: Einige Rechnungen, Prospekte und eine Karte von Freunden (laß' endlich wieder von Dir hören!). Blumen ins Wasser, Tüten auspacken, Anrufbeantworter abhören, Frühstücksgeschirr wegräumen, staubsaugen, duschen, fönen, umziehen, kochen ... es klingelt. Strahlend öffne ich dem Besucher. P.S.: Nachts gegen drei Uhr fällt mir ein, daß ich vergessen habe, den zweiten Kunden zurückzurufen. Ein Gedanke, der mir buchstäblich auf den Magen schlägt!

Kommen Ihnen einige Passagen aus Andreas Tagesablauf bekannt vor? Wahrscheinlich sind es die typisch weiblichen Verhaltensweisen, die eindeutig streßfördernd wirken. Schauen wir uns diese kurz an.

Perfektionismus

Einer Frau reicht es nicht, „nur" Karriere zu machen. Sie will (muß?) auch noch eine perfekte Hausfrau, eine Super-Mutter, eine verständnisvolle Partnerin etc. sein. Psychologisch nennt man das Rollenüberlastung. Wie jede andere Überlastung führt sie auf Dauer unweigerlich zu Streß, Frustrationserlebnissen und Versagensängsten („Ich schaffe das alles nicht mehr!").

Mangelnde Delegationsfähigkeit

Welcher gut verdienende Manager denkt schon daran, seine Wohnung selbst in Schuß zu halten?! Geschweige denn, auch noch die Frau/Freundin mitzuversorgen! In unseren Seminaren müssen wir die Teilnehmerinnen, sei es die Vorstandssekretärin eines Weltkonzerns, die freiberuflich tätige Reisejournalistin, die Geschäftsführerin eines mittelständischen Unternehmens oder die Sekretärin in einem kleinen Handwerksbetrieb erst mühsam davon überzeugen: Hausarbeit kann (und muß!) delegiert werden.

Anpassung an ein (von Männern geprägtes) Schönheitsideal

Mag sein, daß es auch Männer gibt, die nach einer knochenharten Arbeitswoche morgens vor dem Spiegel ihre neu hinzugekommenen Fältchen zählen. Frauen jedenfalls tun dies ab einem gewissen Alter regelmäßig. Wir sind (erziehungsbedingt) in unserem Selbstbewußtsein sehr abhängig von der Bestätigung Dritter. Und unterwerfen uns immer noch einem Schönheitsideal und Jugendlichkeitskult, obwohl beide mit unseren beruflichen Ambitionen nur schwer vereinbar sind. Jung und schön aussehen und sich gleichzeitig im Beruf als erfahrene und kompetente Chefin Respekt verschaffen – das gelingt, wenn überhaupt, nur ein oder zwei Vorzeigefrauen pro Jahrzehnt. Die werden dann auch gerne als „Managerinnen des Jahres“ prämiert („Seht her, es geht doch alles, wenn frau nur will!“).

(Über)empfindlichkeit

Sensibilität im Umgang mit Mitarbeitern, Kolleginnen und Vorgesetzten ist eine weibliche Stärke. Wir können gut zuhören – und hören dabei oft das Gras wachsen. Bemerkungen wie „Es ist 8 Uhr und 25 Minuten“ könnten eigentlich mit einem lachenden „Vielen Dank für die freundliche Zeitansage“ quittiert werden. Doch nicht nur Andrea neigt dazu, sich bei der geringsten Andeutung eines Vorwurfs gleich zu verteidigen. Von männlichen Kollegen wird dies oft als Schuldeingeständnis interpretiert.

In Andreas Tagesablauf finden sich auch jede Menge Streßfaktoren, die Männer wie Frauen betreffen, so z. B.:

- dauerredende Sitzungskollegen,
- Arbeiten im Mittagsloch, wenn Konzentration und Intellekt am Tiefpunkt sind (siehe hierzu auch Kapitel 6),
- stickige, überhitzte Räume,
- fehlende Ruhepausen, hastiges Essen „zwischendurch“,
- Störungen und Unterbrechungen
- Termindruck,
- nächtliches Problemewälzen, usw.

Ehe wir uns mit mit den einzelnen Streßfaktoren befassen, gilt es zunächst, den „Nimbus Streß“ zu entzaubern. Und zwar, indem wir bei uns selbst anfangen. Was verstehe ich eigentlich unter Streß? Woran merke ich, daß ich gestreßt bin?

2.
Was genau ist eigentlich Streß?

Was verstehen Sie unter Streß? Wenn wir die Teilnehmerinnen in unseren Streßbewältigungsseminaren danach fragen, bekommen wir meist folgende Antworten. Streß ist ...

- wenn viel los ist,
- daß ich nervös werde,
- daß ich mich nicht mehr konzentrieren kann oder mich körperlich schlecht fühle,
- wenn ich mit meinem Chef reden muß,
- wenn mein Herz bis zum Hals schlägt.

Diese Antworten spiegeln die begriffliche Verwirrung wider, die mit dem Wort „Streß“ in der Umgangssprache verbunden ist. Äußere Ereignisse (z.B. sozialer Streß) und die eigene körperliche und seelische Reaktion darauf werden in einen Topf geworfen. Mediziner und Psychologen unterscheiden dagegen zwischen Stressoren (z.B. einen Chef, den man als ungenießbar erlebt, eine in unseren Augen schwierige Aufgabe, ein Stau auf der Autobahn usw.) und der Reaktion des einzelnen darauf, dem eigentlichen Streß. Versuchen wir also, uns diese Unterscheidung zu eigen zu machen. Wenn in diesem Buch von „Streß“ die Rede ist, dann ist immer Ihre psychische (z.B. Gereiztheit) oder physische (z.B. Herzklopfen) Reaktion auf Stressoren gemeint.

Halten wir fest: Streß ist die körperlich–seelische Reaktion auf Stressoren oder Streßreize. So erzeugt etwa der Stressor „ständiger Termindruck“ die Streßreaktion „nächtliches Wachliegen und Problemewälzen“.

Woran merken Sie, daß Sie Streß haben? Wie „gestreßt“ sind Sie? Zur Beantwortung dieser Fragen empfehlen wir Ihnen, den nachfolgenden Fragebogen auszufüllen, auf den wir später nochmals zurückkommen werden. Er gibt nämlich auch Hinweise darauf, in welchen physischen und/oder psychischen Bereichen Sie besonders leicht „mit Streß“ reagieren. Eine differenzierte Auswertung wird also Ihr persönliches Streßprofil zutage fördern und damit erste Ansatzpunkte für Ihre Streßbewältigung liefern. Ein Grund mehr, diesen Fragebogen sorgfältig durchzugehen!

Fragebogen 1: Psychische und physische Streßsymptome

Lesen Sie bitte die nachfolgende Liste aufmerksam durch. Fragen Sie sich bei jedem Punkt: Trifft das häufig, manchmal oder nie auf mich zu? Kreuzen Sie die entsprechenden Punkte an.

Trifft das auf Sie zu?

	häufig	manch-mal	nie
1. Nächtliches Wachliegen und Grübeln („Gedankenkarussell")			
2. „Zerschlagen" aufwachen, morgens nicht aus dem Bett kommen			
3. Sich krank und alt fühlen („Du siehst aber schlecht aus!")			
4. Vermeidungstendenzen (am liebsten „blaumachen", sich drücken wollen)			
5. Verdauungsstörungen			
6. Trockener Mund			
7. Kurzatmigkeit			
8. Überforderungsgefühle („Das wächst mir alles über den Kopf!")			
9. Keine Lust auf Sex			
10. Magenbeschwerden			
11. Schwitzen (Durchblutungsstörung)			
12. Frieren (Durchblutungsstörung)			
13. Bluthockdruck (vom Arzt festgestellt)			
14. Nacken-/Schulterschmerzen			
15. Nicht abschalten können			
16. Völlegefühl			
17. Konzentrationsstörungen (Vergessen, verlegen, verwählen, verhören)			
18. Appetitlosigkeit			
19. Sich keine Zeit für Mahlzeiten gönnen			
20. Kreuz- und Rückenschmerzen			
21. Herzklopfen			
22. Herzschmerzen			
23. Schnelle körperliche Erschöpfung („kaputt sein")			
24. Zucken der Augenlider			

	häufig	manch-mal	nie
25. Deprimiert sein			
26. Aggressionen			
27. Nervosität			
28. Gereiztheit („Ich könnte die Wände hochgehen!")			
29. Empfindlichkeit, schnell beleidigt sein oder weinen			
30. Zittern am ganzen Körper			
31. Ziehen oder Schmerzen in der Brust			
32. Kalte Füße oder Hände			
33. Mehr Alkohol als früher			
34. Mehr Zigaretten als früher			
35. Mehr Medikamente als früher			
36. Fluchttendenzen („Am liebsten würde ich davonlaufen")			
37. Kopfschmerzen			
38. Verspannungsgefühle			
39. Schwindelgefühle			
40. Bewegungsschmerzen			

Zur Auswertung: Ein Alarmsignal sollte schon jedes angekreuzte „häufig" sein, ebenso mehr als fünf „manchmal". Wenn in letzter Zeit fünf oder mehr der genannten Punkte auf Sie zutreffen, leiden Sie wahrscheinlich unter Streß. Genauer gesagt: In Ihrem Körper läuft häufig eine Streßreaktion ab.

3.
Haben Männer und Frauen die gleichen Streßsymptome?

Grundsätzlich leiden in unserer modernen Industrie– und Leistungsgesellschaft Männer wie Frauen unter Streß. Die Symptome, die Sie in Kapitel 2 (sehr wahrscheinlich) bei sich festgestellt haben, tauchen dabei sowohl bei Männern als auch bei Frauen auf.

Trotzdem gibt es Unterschiede in der Streßsymptomatik zwischen Männern und Frauen. Klar, werden Sie denken, sonst hätten die wohl kaum ein Buch mit dem Untertitel „Aktive Streßbewältigung für Frauen“ geschrieben. Doch so klar ist das gar nicht, oder zumindest noch nicht lange. Erst seit etwa zehn bis fünfzehn Jahren beschäftigen sich Wissenschaftler (oder besser gesagt meist Wissenschaftlerinnen) mit diesen geschlechtsspezifischen Unterschieden. Vorher wurde, wie auch in den meisten anderen Forschungsbereichen, einfach davon ausgegangen, daß „Mann gleich Mensch“ ist. Hinzukommt, daß Frauen den knallharten Spielregeln unserer Wettbewerbsgesellschaft weniger ausgesetzt waren als Männer und „Streß“ tatsächlich nicht ihr vordringliches Problem war. Mit dem Einzug der Frauen in Fach– und Führungspositionen bzw. der allgemein steigenden weiblichen Erwerbstätigkeit ändert sich das jedoch. Wobei, so hoffen wir zumindest, das Einbringen von weiblichen Aspekten in die Arbeitswelt zur Entschärfung dieser Spielregeln führen wird und damit langfristig zu humaneren Arbeitsbedingungen und weniger Streß.

Worin genau bestehen die geschlechtsspezifischen Unterschiede in der Streßsymptomatik?

Sie betreffen nicht so sehr die Art der gezeigten Streßsymptome als vielmehr die Häufigkeit, mit der sie auftreten.

Vor allem bei den psychischen Symptomen, die in Folge von Überlastung, widrigen Lebensumständen und Streß auftreten, zeichnet sich bei Männern und Frauen ein deutlich unterschiedlicher Trend ab.

Frauen reagieren eher passiv und depressiv auf Streß. Sie fühlen sich schlapp und weinerlich. Sie fühlen sich durch alles und jedes überfordert. Sie möchten am liebsten davonlaufen. Sie zeigen häufiger Depressionen, Angstzustände und gestörte Sexualfunktionen. Die Depressionsrate liegt seit Jahren bei Frauen doppelt (!) so hoch wie bei Männern(1). Und das schon im Mädchenalter, wie ein Vergleich aktueller Daten des Landesamts für Statistik zeigt(2). Die Neigung, eher mit Passivität und Depressionen zu reagieren, ist jedoch keineswegs angeboren. Dieses Verhalten ist primär gelernt. Nicht Hormone oder Gene, sondern unsere Lerngeschichte bestimmt, wie wir uns angesichts hoher Anforderungen oder schwieriger Probleme verhalten. Passivität und Hilflosigkeit passen nun mal so viel besser zu „einem richtigen Mädchen" oder einer „typischen Frau" als Aggressivität oder Gereiztheit. Von frühester Kindheit an haben wir gelernt, was „typisch weiblich“ oder „typisch männlich“ ist („Aber Kind, ein Mädchen tut das doch nicht!“ oder auch: „Ein richtiger Junge darf sich ruhig mal prügeln.“). Aber: Was gelernt wurde, kann auch wieder verlernt werden. Wir wollen daher jetzt – und für das ganze weitere Buch! – festhalten:

Gelerntes Geschlechtsrollenverhalten („So verhält sich eine richtige Frau/ein richtiger Mann“), nicht angeborenes biologisches Geschlecht ist für die allermeisten Verhaltensunterschiede zwischen Männern und Frauen verantwortlich! (Ausnahmen bestätigen die Regel.)

Wie sehen nun die psychischen Streßreaktionen von Männern aus?

Männer reagieren eher mit aggressivem Verhalten. Immer häufiger werden Kollegen, Mitarbeiterinnen und Familienmitglieder angeschnauzt. Männer neigen unter Streß mehr als Frauen zu „hyperaktivem“ Verhalten, d.h. können nicht mehr aufhören, pausenlos irgend etwas zu erledigen oder zu agieren. Dabei steigt der (abendliche) Alkoholkonsum oftmals beträchtlich an. Die Flasche Rotwein vor dem Fernseher erscheint als die einzige Möglichkeit, mal abzuschalten.

Halten wir also fest: Frauen neigen bei Streß und Überforderung eher zu überkontrollierten, passiven, Männer dagegen zu unterkontrollierten, aktiven Verhaltensweisen.

Überlegen Sie einmal: Trifft das bisher Gesagte auf Sie persönlich zu? Stimmt es, daß Sie „typisch weiblich“ eher mit Vermeidung, Rückzug und Passivität auf Stressoren reagieren? Vielleicht nehmen Sie dafür nochmals den Fragebogen aus Kapitel 2 zur Hand. Oder stimmen unsere bisherigen Überlegungen in Ihrem Fall nicht? Kein Problem, denn: Nicht jede Frau reagiert „typisch weiblich“ und, nebenbei bemerkt, auch nicht jeder Mann „typisch männlich“. Es handelt sich bei unseren Aussagen immer um Durchschnittswerte. Eigentlich müßten wir jede Aussage so formulieren: „Im Durchschnitt gesehen, neigen Frauen tendenziell eher dazu ...“

Halten wir daher fest: Wenn wir von Unterschieden zwischen Männern und Frauen sprechen, so handelt es sich immer um statistische Durchschnittswerte, die in wissenschaftlichen Untersuchungen ermittelt wurden. Die Unterschiede zwischen Frau und Frau werden dabei bewußt vernachlässigt.

Hinzukommt, daß die traditionellen Geschlechterrollen („typisch Frau – typisch Mann“) ohnehin im Wandel begriffen sind. Zunehmend mehr Frauen (und auch Männer) verhalten sich nicht mehr „rollenkonform“ oder: Immer mehr Ausnahmen bestätigen die Regel. Und, um es nochmals zu betonen: Wenn wir von unterschiedlichen Verhaltensweisen bei Männern und Frauen sprechen, so meinen wir gelerntes Verhalten und nicht das biologische Geschlecht per se. Die meisten von uns sind zwar mehr oder weniger rollenkonform erzogen worden – aber eben mehr oder weniger!

Kommen wir nun zu den körperlichen Streßsymptomen

Was diese Reaktionen anbelangt, neigen Frauen verstärkt zu sogenannten unspezifischen Körperbeschwerden wie Kopfschmerzen, Erkältungen, Halsschmerzen und Rückenbeschwerden.

Bei den durch Streß mitbedingten Erkrankungen, wie Schlaganfall, Herzinfarkt, chronischem Bluthochdruck, bleibenden Wirbelsäulenschäden und Lungenkarzinomen (als Folge erhöhten Zigarettenkonsums unter Streß) werden die Statistiken nach wie vor von den Männern angeführt. Auch liegt die Lebenserwartung der Frauen im Jahr 1992 durchschnittlich immer noch um sechs Jahre höher als die der Männer.

Hierfür gibt es verschiedene Erklärungsansätze. Ein eher biologisch orientiertes Modell(3) geht davon aus, daß Frauen aufgrund ihrer genetischen Ausstattung im Alter gesünder und leistungsfähiger sind als Männer. Bekanntlich unterscheidet sich das genetische Erbgut von Männern und Frauen durch die beiden Geschlechtschromosomen X und Y. Bei Frauen ist das Geschlechtschromosom, wie alle anderen Erbträger auch, doppelt vorhanden (XX). Der Chromosomensatz der Männer enthält jedoch jeweils ein einzelnes X und Y Chromosom. Die in jeder Zelle vorhandenen X-Chromosomen steuern Basisfunktionen, z. B. im Stoffwechsel, bei der Blutgerinnung oder im Immunsystem. Teilweise scheinen „Ausfallserscheinungen" mit steigendem Alter in diesen Basisfunktionen bei Frauen durch das zweite X kompensiert zu werden. Um es kurz zu machen: Wir Frauen haben also möglicherweise einen genetischen Bonus bei der Streßbewältigung.

Die höhere Lebenserwartung der Frauen läßt sich aber auch mit psychologischen bzw. soziologischen Ansätzen erklären. Die Bevölkerungsgruppen, auf deren Datensätzen die Sterbestatistiken des Jahres 1991 beruhen, haben weitgehend nach der klassischen Rollenverteilung (Mann arbeitet – Frau bleibt zuhause) gelebt. Damit waren die Frauen tatsächlich weniger den knallharten

Spielregeln der Leistungsgesellschaft ausgesetzt und griffen weniger als Männer zu Alkohol und Zigaretten als Kompensationsmittel. Ganz abgesehen davon galten rauchende und trinkende Frauen als „unfein". Als weiterer Grund für die höhere Lebenserwartung von Frauen mag gelten: Frauen gehen früher, sprich rechtzeitiger, zum Arzt.

Für die Annahme, daß Streß auch auf gelerntem Rollenverhalten beruht, spricht, daß Frauen bei den „typischen Männerkrankheiten" im Aufholen begriffen sind. Durch den verstärkten Zigarettenkonsum von Frauen in den letzten Jahren ist ein Anstieg von Lungenkarzinomen mit tödlichem Ausgang zu beobachten(4). Aktuelle Schätzungen der Weltgesundheitsorganisation rechnen sogar mit einer Verdoppelung diesbezüglich verursachter Todesfälle von 500.000 auf eine Million bis zum Jahre 2020. Auch bei Erkrankungen wie Herzinfarkt, Bluthochdruck und Schlaganfällen sind Frauen auf dem Vormarsch. Dies gilt vor allem für berufstätige Frauen mit kleinen Kindern(5).

Zum Schluß noch ein interessantes Forschungsergebnis: Selbstbewußtsein und soziale Unterstützung (durch Freunde, Ehepartner oder wem auch immer) sind offenbar ein guter Schutz gegen Streßfolgen. Umgekehrt zeigt sich, daß Frauen mit niedrigerem Selbstbewußtsein und/oder geringer sozialer Unterstützung häufiger unter psychischen und physischen Streßsymptomen leiden.

Streß merken wir an typischen körperlichen und seelischen Auswirkungen, den Streßsymptomen. Was passiert nun eigentlich bei der Streßreaktion im Körper – unabhängig davon, ob Andrea oder Andreas unter Streß stehen?

4.
Die Streßreaktion – ein Erbe der Jäger und Sammler

Vor etwa vierzigtausend Jahren verläßt eine Vertreterin unserer Ahnen, der Jäger und Sammler, ihre Höhle. Mit lautlosen Tritten streift sie durch das hohe Gras der Afrikanischen Steppe. Sie ist so groß wie ein zehnjähriges Kind unserer Tage, und tatsächlich ist sie auch erst 13 Jahre alt – eine Frau in den besten Jahren. Mit der Frau von heute hat sie einiges gemeinsam: Ihre und unsere Gene unterscheiden sich nur unwesentlich, haben sich also seit vierzigtausend Jahren kaum verändert.

Die Jägerin und Sammlerin ist auf Nahrungssuche. Jetzt kauert sie sich hin und gräbt mit ihren haarigen Händen nach einer Wurzel. Dabei blickt sie sich immer wieder um: Die Steppe ist voller gefährlicher Tiere. Man muß stets seine Umgebung im Auge behalten. Alle Sinne sind wach und auf Empfang eingestellt. Gleich dem Kegel einer Taschenlampe, den man weit oder eng stellen kann, wechselt ihre Aufmerksamkeit zwischen der nun schon halb ausgegrabenen Wurzel und der Umgebung hin und her.

Etwas hat im Gebüsch geraschelt. Sofort ist die Jägerin und Sammlerin aufgesprungen und hat sich dem Rascheln zugewendet. Sie ist in einem Zustand erhöhter Aktiviertheit und zeigt eine Aufmerksamkeitsreaktion. In Bruchteilen von Sekunden läuft folgende Kettenreaktion ab:

- „Was war da? – Wie gefährlich ist das?“

Das, was da im Gebüsch ist, muß zunächst wahrgenommen werden. Lichtreize treffen auf die Augen, genauer gesagt auf die Netzhaut. Dort werden sie in elektrische Impulse umgewandelt, blitzschnell zum Gehirn weitergegeben und analysiert: Was ist das? – Wie bedrohlich ist das? – Wer von uns ist stärker?

Kriecht auf das Rascheln eine Maus aus dem Gebüsch, wird sich die Jäger- und Sammlerin wieder ihrer Wurzel zuwenden. Die Bedrohungsanalyse ist positiv verlaufen: Keine Gefahr, die Maus erledige ich mit links! An dieser Stelle können wir jedoch unserer Ahnfrau einen gewaltigen Schrecken nicht ersparen: Im Gebüsch steht nämlich ein Tiger!

- Die Streßreaktion – Vorbereitung auf Kampf oder Flucht

Das, was nun blitzschnell im Körper der Jägerin abläuft, ist eine sinnvolle Notfallreaktion. Sie dient dazu, den Organismus bei Gefahr innerhalb von Sekundenbruchteilen auf Kampf oder Flucht vorzubereiten.

Der Tiger (Stressor) wird sofort als bedrohlich erkannt. Das Großhirn schlägt „Alarm“ und setzt eine Kettenreaktion in Gang. Die Ahnfrau ist „wie vom Donner gerührt“. Sie merkt, daß sich schlagartig etwas in ihrem Körper verändert. Kennen Sie das Gefühl, wenn man z.B. mit dem Auto auf Glatteis ins Rutschen gerät oder mit einer sehr unangenehmen Nachricht konfrontiert wird? Jede von uns hat in dieser Situation ein ganz spezielles Gefühl. Unsere Seminarteilnehmerinnen beschreiben es z. B. so:

- „Als ob sich eine lähmende Flüssigkeit langsam im Brustkorb ausbreiten würde“
- „Mir bricht der Schweiß aus“
- „Es rauscht in den Ohren!“
- „Die Knie werden weich“
- „Ich muß nach Luft schnappen“
- „Als hätte mir jemand eine Ohrfeige gegeben“
  usw.

Was dabei im Körper passiert, sieht auf den ersten Blick etwas kompliziert aus. Es lohnt sich aber für Sie, an dieser Stelle weiterzulesen. Sie werden danach besser verstehen, woher Ihre Streßsymptome kommen. Und wissen, wo Ihre persönliche „Achillesferse“ in der Streßverarbeitung liegt.

Über verschiedene Zwischenstationen (Thalamus, Hypothalamus und Hypophyse) wird der „Alarm“ an den Körper weitergegeben. Dies geschieht teils über die Nervenbahnen direkt „an zu aktivierende“ Organe, teils über Hormone. Im Nebennierenmark werden die sogenannten Katecholamine (Adrenalin und Noradrenalin) ausgeschüttet. Sie versetzen den Körper in Alarmbereitschaft. Was daraufhin geschieht, kennt jeder, der schon einmal unter Streß stand (z. B. vor einer entscheidenden Prüfung oder Präsentation, bei einem Kündigungsgespräch):

- Die Blutgefäße verengen sich (manch einer wird dann abwechselnd blaß und rot),
- Herzschlag und Atemfrequenz werden beschleunigt (das Herz schlägt bis zum Hals),
- der Muskeltonus der Skelettmuskulatur erhöht sich (man sitzt verkrampft da und hat, ohne es zu merken, verschiedene Muskelpartien angespannt),

- alle für Kampf oder Flucht benötigten Körperteile, insbesondere die Skelettmuskulatur, werden stärker mit Blut versorgt.
- Anders dagegen die glatte Muskulatur der Magen– und Darmwände. Hier kommt es zu einem schlagartigen Tonusverlust.
- Verdauung ist jetzt zweitrangig. Dabei hat sich schon so mancher vor Angst buchstäblich in die Hose gemacht.

Kortison hilft nicht nur gegen Pickel!

Natürlich wird für eine derart aufwendige Reaktion Energie benötigt, die von körpereigenen Streßhormonen (Kortisol und Kortison) bereitgestellt wird.

Eine zweite wichtige Aufgabe, die die Streßhormone erfüllen, ist, „nach oben zurückzumelden“, daß der „Auftrag Mobilmachung“ ausgeführt ist. Sie sagen dem Hypothalamus quasi: „Da unten ist die Hölle los! Die Streßreaktion, die du in Auftrag gegeben hast, ist voll am laufen. Jetzt bitte keine weiteren Impulse mehr von oben!“ und tragen so zum Abklingen der Streßreaktion bei. Diese Rückmeldung ans Gehirn ist wichtig, um ein Aufschaukeln der Streßreaktion zu verhindern. Kybernetiker sprechen in diesem Zusammenhang von „negativer Rückkoppelung“.

Ein weiterer Regelkreis mit negativer Rückkoppelung findet sich beim Abbau der Streßhormone Adrenalin und Noradrenalin. Adrenalin und Noradrenalin versetzen den Körper in Bereitschaft, bei der Kampf/Flucht–Reaktion muskuläre Arbeit zu leisten. Gehen wir noch einmal zurück zu unserer Ahnfrau, die (oh Schreck) einem Tiger gegenübersteht. Blitzschnell muß sie sich entscheiden: Den Tiger angreifen oder rennen!

Gehen wir davon aus, daß sie (vernünftigerweise) die Alternative „Flucht“ wählt. Die Jägerin und Sammlerin rennt los und klettert blitzschnell in die höchsten Wipfel eines Baums. Durch die körperliche Bewegung werden die Streßhormone wieder abgebaut (negative Rückkoppelung) und der Organismus kehrt in seinen Ausgangsstatus zurück. Die Jägerin und Sammlerin ist erschöpft. Als der Tiger verschwunden ist, läuft sie schnell in ihre Höhle und sinkt in einen tiefen, erholsamen Schlaf. Morgen wird sie bereit sein, sich dem nächsten Tiger zu stellen.

Übrigens: Die Streßreaktion kann bei manchen, genetisch vorgegebenen Stressoren auch unbewußt ablaufen. Dies ist z. B. bei Hitze, Kälte, räumlicher Enge oder bei Lärm der Fall. Für unsere Ahnfrau eine sinnvolle Einrichtung: Bei großer Hitze oder Kälte mußte sie nicht überlegen. Bestimmte Teile ihres Gehirns lösten automatisch eine Streßreaktion aus, sozusagen zur Überlebenssicherung. Pech für uns: Das gleiche genetische Programm löst noch heute eine Streßreaktion aus – vielfach ohne unser Wissen! Deshalb werden wir uns in Teil III des Buches so ausführlich den „stressigen“ Umgebungsfaktoren widmen. Sie können uns buchstäblich krank machen – und wir wissen es oft nicht einmal!

5. Wann wird Streß schädlich?

Ist denn nun Streß schädlich? Streß scheint doch eine durchaus sinnvolle Reaktion des Organismus zu sein. Sie diente dazu, unseren Vorfahren bei Gefahr das Leben zu retten. Nichts Schädliches war daran zu entdecken! In einer gefährlichen Situation geriet der Organismus auf Hochtouren. Man kämpfte oder rannte um sein Leben. Dabei wurde eine Art „Superkraftstoff“ aus Streßhormonen, Sauerstoff und erhöhtem Blutzucker im Körper verbrannt. Anschließend regenerierten sich unsere Urahnen im Schlaf und standen tags darauf gesund und munter wieder auf.

Wir halten also fest: Streß per se ist nicht schädlich.

Die Frau von heute ist, genauso wie ihre Vorfahren aus der Jäger– und Sammlerzeit dafür gebaut, regelmäßig mit Stressoren konfrontiert zu werden. Sie braucht ein gewisses Ausmaß an Streß, um sich wohl zu fühlen. Ein eintöniges monotones Leben oder Arbeiten „streßt“ auf andere Weise genauso wie ein überfüllter Terminkalender, Hektik und Zeitdruck.

Bietet der Alltag nicht genügend Herausforderungen oder Stressoren, schaffen wir uns künstlich welche. Dies ist einer der Gründe, warum arbeitslose, gelangweilte Jugendliche Randale, halsbrecherische Autorennen in Kiesgruben oder „S-Bahn-Surfen" machen. Nicht von ungefähr sehen wir uns mit Wonne einen Gruselfilm an und sterben dabei tausend Tode. Nicht zufällig beginnen in Zeiten wirtschaftlicher Sicherheit Abenteuerreisen, „survival trips" und jede Menge halsbrecherische Sportarten „zu boomen". Ganz ohne Streß ist das Leben langweilig, gibt es weder Herausforderungen noch Erfolgserlebnisse.

Wann aber wird Streß schädlich? Zur Beantwortung dieser Frage lassen wir noch einmal Andrea, die Managerin aus Kapitel 1, zu Wort kommen. Sie schildert eine ausgesprochen unangenehme Situation:

Ich grüble über Projekt „Xerxes", damit schlage ich mich nun schon seit Wochen herum. Doch bei meinem übervollen Terminkalender und in der Hektik des Tagesgeschäfts bleibt einfach zu wenig Zeit dafür! Zweimal schon mußte ich die längst fällige Zwischenbesprechung verschieben. Jetzt ruft mich auch noch der Chef zu einer dringenden Besprechung, zusammen mit Herrn von Hohenburg, seinem schnöseligen neuen Assistenten. „Frau Müller, ich habe mich gerade mit Herrn von Hohenburg unterhalten. Wir denken, daß Sie mit „Xerxes" wohl doch überfordert sind. Herr von Hohenburg übernimmt ab sofort die Projektleitung!"

Ich bin wie vom Donner gerührt! Das Projekt war die Chance meines Lebens. Bei erfolgreicher Bearbeitung war mir ein riesiger Karrieresprung in Aussicht gestellt worden. Jetzt ist alles vorbei, alles verloren, wofür ich so hart gearbeitet habe!

Auf die Frage, was sie dabei empfunden hat, antwortet Andrea:

„Ich empfand die Situation als ausgesprochen bedroh-

lich. Mein Mund wurde trocken, mein Kopf ganz leer. Ich spürte, wie mein Herz raste, und ich schnappte förmlich nach Luft."

Andreas Körper reagiert nach seinem uralten Bauplan, als ob sie noch in der Steppe unterwegs wäre und dem Tiger begegnen müßte. In Andreas Körper läuft die Streßreaktion unserer Vorfahren ab. „Mobilmachung für Kampf oder Flucht" lautet die Devise. Das Dumme ist nur: Den Stressoren des zwanzigsten Jahrhunderts kann man damit schlecht begegnen. Wir leben in einem sogenannten „kognitiven" Zeitalter, d.h. Probleme werden mit dem Kopf und nicht mit Muskelkraft gelöst. Andrea kann weder ihren Chef tätlich angreifen, noch davonlaufen. Beides wäre sozial extrem unangepaßt und hätte negative Folgen. Andreas Nebenniere weiß davon leider nichts. Ungerührt schüttet sie Streßhormone aus.

Wir reagieren immer noch nach einem uralten, seit zigtausend Jahren genetisch festgeschriebenen Muster auf Stressoren. Die Umwelt hat sich aber inzwischen bekanntlich verändert. Die Jäger- und Sammlerinnen waren extrem gut an ihre Umwelt angepaßt. Wir sind es nicht mehr! Hinzukommt, daß wir tagtäglich nicht nur einem, sondern vielen „Tigern" begegnen müssen: Der Verkehrsstau am Morgen, die Präsentation am Vormittag, die zähe Verhandlung am Nachmittag, der Akquisitionstermin am Abend ...

Halten wir fest: Die Streßreaktion wird allzuhäufig in uns ausgelöst, und zwar ohne daß wir die Streßhormone und angestauten Energien in irgendeiner Form abbauen könnten.

Diese Energien wirken, wenn sie nicht abreagiert werden können, auf Dauer wie Gift im Körper. Sie wenden sich gegen den Organismus. Sie greifen ihn an seinen Schwachstellen an. Deshalb wirkt sich Streß schädlich, gefährlich, ja, manchmal sogar tödlich auf den Menschen des zwanzigsten Jahrhunderts aus.

Zuviele Tiger: Was passiert bei Dauerstreß?

Wir wollen uns nun die körperlichen Vorgänge bei Dauerstreß genauer betrachten. Daraus lassen sich alle negativen, langfristigen Streßfolgen ableiten. Sie verstehen dann besser, warum Sie welche Streßsymptome zeigen.

Wenn die Streßreaktion zu häufig abläuft, können die Streßhormone und Energien nicht mehr abgebaut werden. Das gilt um so mehr, wenn wir uns zu wenig Bewegung (zum Energieverbrennen) und kaum Ruhepausen (zum Erholen von der Streßreaktion) gönnen. Die nicht abgebauten Streßhormone und –energien wenden sich gegen den Organismus und greifen ihn an seinen Schwachstellen an. Das kann bei der einen die Galle, bei der nächsten der Magen und bei der dritten das Herz sein.

In den pathologischen Abteilungen der Universitäten westlicher Industrienationen zeichnet sich ein beunruhigender Trend ab. Die sezierten Leichen weisen zunehmend vergrößerte Nebennieren – insbesondere Nebennierenrinden – auf. Die Nebennierenrinde ist zuständig für die Produktion der Streßhormone Kortisol und Kortison. Läuft die Streßreaktion zu häufig und ohne ausreichende Regenerationsphasen im Körper ab, beginnen Nebennierenmark und –rinde zu wachsen. Trotz dieser Vergrößerung kommt die Nebennierenrinde schließlich nicht mehr mit der Produktion der Streßhormone (Kortison und Kortisol) nach.

In der Folge werden die für die Streßreaktion notwendigen Energien nicht mehr in ausreichendem Maße bereitgestellt. Das kann im Extremfall, z.B. bei einem Autounfall, zum Tode führen. Denn der Organismus gerät jetzt leichter in einen lebensbedrohlichen Schockzustand. Der „Produktionsrückstand“ hat noch eine zweite Konsequenz. Mit dem sinkenden Kortisol/Kortisonspiegel entfällt auch das „Stopp–Signal“ für die Streßreaktion (vgl. hierzu „Kortison hilft nicht nur gegen Pickel“, Kapitel 4). Das Gehirn weiß nicht, daß die Streßreaktion bereits läuft, und sendet fortgesetzt das Signal „Streßreaktion ankurbeln“. Ein Teufelskreis hat begonnen, der auf Dauer zu schwerwiegenden Organschäden führt.

Unter Streß wird das Blut schneller zu den ausführenden Organen transportiert – schließlich sollen sie ja für sofortige (Kampf– oder Flucht-) Reaktionen vorbereitet sein. Das Herz schlägt schneller und kräftiger, das Blut fließt mit Hochgeschwindigkeit durch den Körper. Gleichzeitig wird ein Großteil der Blutgefäße unter Streß verengt. Stellen Sie sich nur mal vor, was passiert, wenn Sie mit einem Finger die Öffnung eines Gartenschlauchs verkleinern. Der Druck steigt enorm an. Ähnliches passiert im verengten Blutgefäß. Dazu kommt, daß sich Reste des „Supertreibstoffs“, der bei Streß im Blut zirkuliert, als Schlacke an den Gefäßwänden absetzen. Die Gefäße werden zusätzlich verengt, brüchig und unflexibel. Die Folge: Der Körper reagiert permanent mit Bluthochdruck, der irgendwann chronisch wird. Man spricht dann von essentieller Hypertonie, einem Hauptrisikofaktor für Herzinfarkt.

„Jetzt muß ich erst mal eine rauchen/eine Tasse Kaffee trinken nach dieser Hektik!“ Diesen Satz hat wohl jeder schon mal gehört oder selber gedacht. Man raucht unter Streßbedingungen, um sich zu beruhigen. Oder trinkt eine Tasse Kaffee nach der anderen. Sowohl der Kaffee als auch die Zigaretten verengen die Blutgefäße noch mehr. Sie führen dadurch langfristig zu einer weiteren Blutdruckerhöhung. Lassen Sie also bei Streß lieber Finger davon!

Die kurze aufputschende Wirkung von Coffein und Nikotin ist teuer erkauft!

Eine Krankheit der „Bürohengste und –stuten“: Sie sitzen, noch dazu krumm und mit rundem Rücken, stundenlang am Schreibtisch. Was passiert, wenn in dieser Haltung eine Streßreaktion abläuft, die eigentlich dazu dient, zu kämpfen oder zu fliehen - also Muskelarbeit zu leisten? Die Muskeln werden automatisch stärker angespannt und belasten Wirbel und Gelenke. Die Folgen: Gelenkbeschwerden (z.B. Kniegelenke!), Verspannungen und Schmerzen im Nacken und Kreuz. Nicht umsonst gehören Wirbelsäulenschäden neben koronaren Erkrankungen zu den häufigsten Managerleiden. Hier wirken beruflicher Dauerstreß, Bewegungsmangel und stundenlanges Sitzen mit schlechter Haltung zusammen. Man knackt sich buchstäblich die Wirbelsäule.

Kommen wir nochmals auf den Bewegungsmangel zurück. Das unter Streß bereitgestellte Adrenalin (und auch Noradrenalin) wird nicht schnell genug abgebaut. Der Körper befindet sich ständig in Kampf– oder Fluchtbereitschaft. Unabhängig davon, wie erschöpft der Geist bereits ist, ständig zirkulierendes, nicht abgebautes Adrenalin im Körper führt zu nervöser Gereiztheit, Schlaflosigkeit und geminderter Arbeitskapazität. Kennen Sie das? Sie können sich nicht mehr richtig konzentrieren, fühlen sich aber aufgezogen wie eine überdrehte Spieluhr. Immer wieder stehen Sie vom Schreibtisch auf und laufen im Zimmer auf und ab. Nachts im Bett wälzen Sie sich und haben unruhige Beine. Sie denken an schwierige und unangenehme Aufgaben des nächsten Tages. Jeder dieser Gedanken löst eine weitere Streßreaktion aus, denn: Das Gehirn unterscheidet nicht zwischen einem tatsächlichen oder einem phantasierten Tiger! Sie sind todmüde, aber die Streßhormone in Ihrem Blut diktieren unbarmherzig: rennen oder kämpfen!

Die Streßhormone Kortisol und Kortison greifen, in erhöhter Dosierung, die Magenschleimhäute an. Wozu dies führen kann, liegt auf der Hand. Es besteht die Gefahr einer Magengeschwürbildung. Voran gehen Magenbeschwerden, Appetitlosigkeit und Verdauungsbeschwerden. Der Streß schlägt buchstäblich auf den Magen!

Seit einem halben Jahr wird das Bürogebäude gegenüber renoviert: Den ganzen Tag wird gebohrt, gehämmert und gelärmt. Dazu klingelt pausenlos das Telefon und der Drucker gibt ein häßlich ziependes Geräusch von sich. Klimaanlage und Heizungssystem des Büros sorgen abwechselnd für Schweißausbrüche oder Gänsehaut (letztere vornehmlich im Sommer!). Der Fahrstuhl/die U–Bahn sind ständig überfüllt. Gezwungenermaßen müssen wir mit fremden (nicht immer angenehmen) Personen auf Tuchfühlung gehen. Und dann der Schreibtisch! Genau betrachtet sitzen die meisten Menschen schief und mit rundem Rücken bei der Arbeit. Und auf längeren Autofahrten versinken sie unmerklich im Sitz und hängen wie ein Fragezeichen am Steuer. Dazu haben Sie als Frau öfter einen Rock und hohe Schuhe an. Da bleibt Ihnen gar nichts anderes übrig, als die Beine übereinanderzuschlagen. Schließlich geht Ihre Unterwäsche niemanden etwas an.

Hitze, Kälte, Lärm, räumliche Enge und „körperliche Zwangshaltung“ sind Stressoren, auf die der Körper mit einer Streßreaktion reagiert. Sie wird von stammesgeschichtlich älteren Teilen des Gehirns automatisch und ohne unser Wissen ausgelöst. Wievielen Stressoren wir tagtäglich ausgesetzt sind, ist uns oft gar nicht bewußt. Bei genauerer Betrachtung sind es weit mehr, als wir vermuten!

6. Auf den Zeitpunkt kommt es an! Die Rolle des Biorhythmus

Auch dies kann bereits ein Symptom von Dauerstreß sein: Sie kommen morgens schlecht aus dem Bett und brauchen eine gewisse Anlaufzeit, bis Sie sich in der Lage fühlen, den Tag anzupacken. Streß macht uns buchstäblich zu Morgenmuffeln!

Gesunde, ausgeruhte Menschen sind morgens fit und abends müde. Menschen, die unter Dauerstreß stehen, gehen dagegen meist zu spät ins Bett und schlafen auch noch schlecht. In den westlichen Industrienationen beachten wir ganz generell unsere natürlichen Leistungsrhythmen viel zu wenig.

Die Abbildung auf der nächsten Seite zeigt den natürlichen, d. h. genetisch vorgesehenen Verlauf der Leistungsfähigkeit - unseren Biorhythmus. Entsprechend dieser Leistungskurve schwanken auch unsere Bereitschaft und Fähigkeit, Stressoren erfolgreich zu begegnen.

Die Leistungskurve und damit zugleich die Fähigkeit, Stressoren zu verarbeiten, hängt von körperlichen Vorgängen wie Stoffwechselaktivität, Körpertemperatur, Hor-

Die Leistungskurve

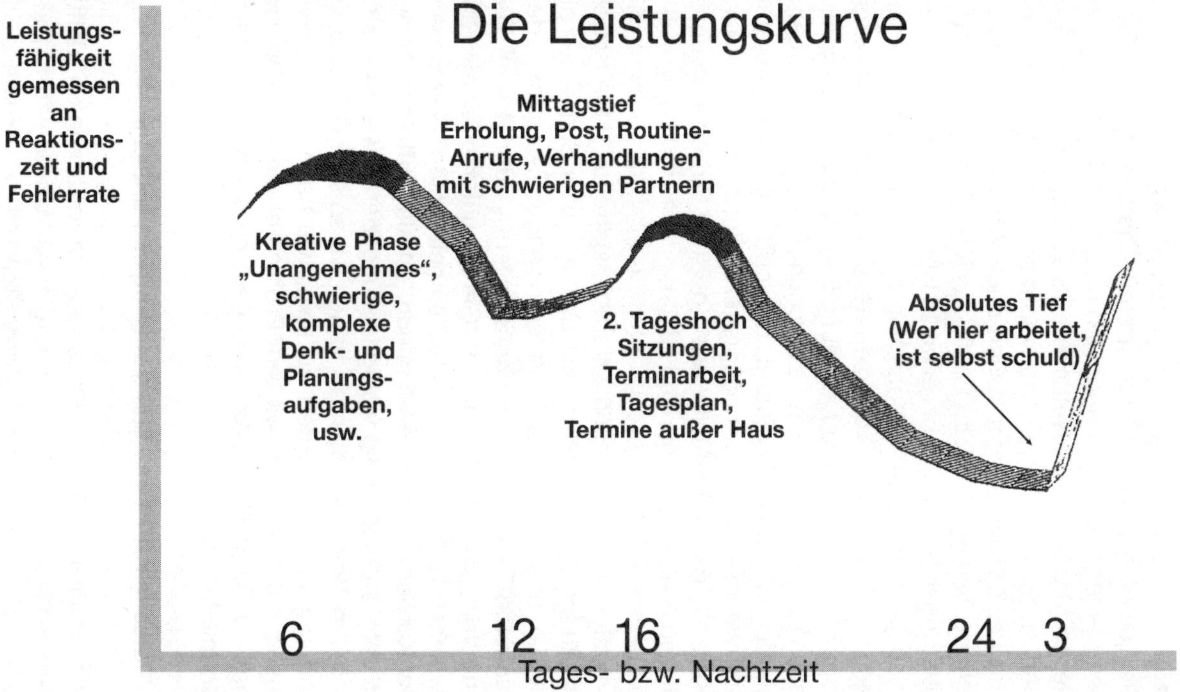

monspiegel u.v.m. ab. Und all diese Körperfunktionen unterliegen typischen, tageszeitlichen Schwankungen. So ist die Leistungsfähigkeit und -bereitschaft am frühen Morgen (gegen 6 Uhr) am höchsten und sinkt dann stetig ab. Gegen Mittag hat die Natur eine „Siesta" vorgesehen, also eine natürliche Regenerationsphase. Die Konzentration und Leistungskapazität lassen nach. Man sitzt buchstäblich im „Mittagsloch". Im Laufe des Nachmittags steigt die Leistungsbereitschaft bis etwa 16 Uhr nochmals an. Sie erreicht jedoch nicht mehr das Maximum des frühen Vormittags. Ab 17 Uhr geht's dann endgültig bergab: Die Arbeitskapazität sinkt. Die Fehlerhäufigkeit steigt. Der Organismus will seine Ruhe! Etwa zwischen 2 und 3 Uhr morgens ist der absolute Tiefstand erreicht. Körpertemperatur, Stoffwechsel und Hormonspiegel befinden sich in einem Zustand, der körperliche oder geistige Arbeit nur unter allergrößten Anstrengungen zuläßt.

Fatalerweise wachen stark „gestreßte" Menschen genau um diese Zeit auf. Und denken voller Schrecken an all die unangenehmen und schwierigen Aufgaben des nächsten Tages. Diese (phantasierten) „Tiger" lösen eine Streßreaktion aus, denn: Das Gehirn unterscheidet nicht zwischen tatsächlichen oder eingebildeten Stressoren. Der Körper, das wissen wir ja nun, schaltet auf Kampf oder Flucht. Dabei ist er so wenig leistungsbereit wie zu keiner anderen Tageszeit! Niemals haben wir so sehr das Gefühl, hoffnungslos überfordert zu sein, wie nachts, wenn wir uns schlaflos im Bett wälzen. Probleme, die sich anderntags vielleicht von selbst erledigen, erscheinen im fahlen Mondlicht schier unlösbar.

Tatsächlich ist die Fähigkeit, logisch und analytisch zu denken, nachts stark herabgesetzt. Kennen Sie das? Sie denken unproduktiv im Kreise. Sie produzieren unfruchtbare Gedankenspiralen. Sie beginnen Vorträge zu formulieren, die immer an der selben Stelle steckenbleiben. Sie führen imaginäre Dialoge, die nicht vom Fleck kommen. Wer um diese Zeit arbeitet, ist selber schuld!

Ab vier Uhr morgens steigen unsere körperlichen Funktionen und geistigen Fähigkeiten wieder an. Wir sind zunehmend besser dafür gerüstet, Stressoren zu verarbeiten, und streben in den frühen Morgenstunden einem neuen Leistungshoch zu.

Erzählen wir in unseren Streßbewältigungsseminaren von diesen Zusammenhängen, meldet sich immer mindestens eine Teilnehmerin mit Widerspruch:

- „Stimmt ja gar nicht: In meiner Studienzeit habe ich immer am besten abends arbeiten können!"
- „Nachts habe ich die besten Ideen!"
- „Ich bin aber ein Morgenmuffel – vor zehn Uhr geht bei mir gar nichts!"
- „Den Seinen gibt's der Herr im Schlaf!"

Zugegeben, die Leistungskurve weist gewisse individuelle Schwankungen auf. Sie beruht auf Mittelwerten der Gesamtbevölkerung. Der eine hat sein individuelles Leistungshoch um sechs Uhr morgens, der andere erst um neun Uhr. Der Biorhythmus ist jedoch ebenso wie die Streßreaktion ein genetisches Erbe unserer Vorfahren. Wir haben sozusagen eine angeborene innere Uhr in uns. Und genauso wie die Streßreaktion paßt auch diese „Bio-Uhr" nur noch bedingt zu unseren heutigen Lebensumständen. Allzuoft sind wir gezwungen, Leistung zu bringen, wenn der Körper eigentlich Regenerationspausen nötig hätte.

Wir fragen also unsere Seminarteilnehmerinnen:
- Ist es nicht denkbar, daß Sie abends am besten arbeiten konnten, weil tagsüber zu viele Ablenkungen dawaren?
- Haben Sie Ihre nächtlichen Ideen einmal aufge schrieben? Sind sie nicht häufig im Licht des Tages eher ba-

nal?
- Sind Sie vielleicht ein Morgenmuffel, weil Sie abends zu spät ins Bett gegangen sind, zuviel Alkohol, Zigaretten und vielleicht auch Schlafmittel konsumiert haben?

Untersuchungen an Schichtarbeitern haben nämlich gezeigt, daß sich der Bio-Rhythmus kaum beeinflussen läßt. Die Leistungskurve sieht bei allen Menschen mehr oder weniger gleich aus. Menschen, die regelmäßig nachts arbeiten müssen, geraten in einen Zustand, in dem verschiedene Stoffwechselprozesse durcheinanderlaufen. Ein Teil der körperlichen Funktionen paßt sich einem neuen, künstlichen Rhythmus an. Andere Stoffwechselfunktionen, die sich nicht „verschieben" lassen, bleiben jedoch beim alten Rhythmus.

Die Folgen sind körperliche und psychische Störungen wie:
- Kopfschmerzen,
- Kreislaufstörungen,
- Magen- und Verdauungsbeschwerden,
- Rückenschmerzen, -verspannungen,
- Schlafstörungen,
- psychische Antriebslosigkeit,
- Gereiztheit und Depressionen.

Klingt wie eine Aufzählung von Streßsymptomen, nicht wahr? Tatsächlich ist Schicht- bzw. Nachtarbeit ein Stressor, der nachgewiesenermaßen gesundheitliche Schäden hervorruft. Keine Ermutigung also, freiwillige „Nachtschichten" einzulegen! Das gleiche gilt übrigens für dauernde Überstunden. Auch sie beeinträchtigen die Gesundheit.

„Einspruch! Wenn ich nach Amerika fliege, habe ich zwar ein Jet-lag, aber nach ein paar Tagen bin ich voll umgestellt“, denken Sie nun vielleicht. Tatsächlich gelingt eine vollständige Umstellung auf einen neuen Tag–Nachtrhythmus dann, (und nur dann!), wenn natürliche Taktgeber (z.B. Hell– Dunkelphasen) und soziale Taktgeber (wann wird gegessen, miteinander geredet, gearbeitet, geschlafen) ebenfalls wechseln. Bei einem Flug nach Amerika stellt sich der Organismus nach spätestens drei bis zehn Tagen auf den neuen Rhythmus ein.

Halten wir also fest: Vormittags sind wir für schwierige, komplexe Aufgaben und Stressoren aller Art am besten, zwischen 2 und 3 Uhr nachts dagegen am schlechtesten gerüstet. „Nachtschichten“ sind nicht nur unproduktiv, sondern auch gesundheitsschädlich. Unsere „Bio–Uhr“ läßt sich nicht dauerhaft umprogrammieren.

Ausnahmen bestätigen bekanntlich die Regel. Aber sie kommen, statistisch betrachtet, nur sehr selten vor. Glauben Sie wirklich, daß ausgerechnet Sie dazugehören?

Die (Hunds–)Tage

Blenden wir ein letztes Mal zu Andrea zurück.

„In der letzten Zeit beobachte ich ein interessantes Phänomen an mir. Kurz vor der monatlichen Periode gerate ich, scheinbar zufällig, mit irgend jemanden in Streit. Bin ich gereizt, witzelt mein Freund boshaft: «Kriegst wohl wieder deine Tage?» Ich werde wütend: Was hat das damit zu tun, daß der rücksichtslose Pascha schon wieder das ganze Waschbecken mit unappetitlichen Zahnpastaflecken übersät hat!“

Natürlich nichts. Trotzdem ist etwas dran, wenn Andreas Freund feststellt, daß sie kurz vor der Periode reizbarer und streitlustiger ist als sonst. Verschiedene Forschungsarbeiten(6, 7, 8) haben sich mit hormonellen Schwankungen im Zusammenhang mit dem Monatszyklus der Frau befaßt. Die Ergebnisse zeigen, daß es zu folgenden Symptomen kurz vor und während der Periode kommen kann:

- Kurz vor der Periode geraten viele (nicht alle!) Frauen in eine gleichgültige, negativere Stimmung. Sie stellen an sich selbst eine seltsame Gereiztheit und Aggressivität fest. Sie geraten in Streit mit der Wurstverkäuferin im Supermarkt, dem Kollegen aus der Abteilung XY und der Schwiegermutter am Telefon. Gleichzeitig steigt die Leistungsbereitschaft, vor allem die Fähigkeit, logisch zu denken, an. Schwierige und komplexe Denkaufgaben werden angepackt und gut gelöst. Und noch ein drittes verändert sich, die Beurteilung bzw. Einschätzung anderer Menschen. „Normalerweise" begegnen Frauen anderen Menschen rücksichtsvoller, weicher und einfühlsamer, als ihre männlichen Kollegen dies tun. Ihre Haltung verändert sich jedoch kurz vor der Periode in Richtung „männlicher". In dieser Zeit werden Dritte von Frauen ähnlich wie von Männern beurteilt: Härter, sachlicher und mit weniger Einfühlungsvermögen.

- Die Krankheitsanfälligkeit steigt kurz vor und während der Periode an. Viele Frauen klagen über Kopfschmerzen, Blutdrucksteigerung, Rückenschmerzen, Bauchschmerzen und Brustveränderungen.

- Während und kurz nach der Periode kann das Selbstbewußtsein leiden. Mißerfolge schreibt die Frau sich selbst zu („Na klar, das konnte ja nur mir passieren. Ich Flasche!"). Erfolge sind dagegen scheinbar auf Glück, Zufall oder Dritte zurückzuführen. Manche Frauen fühlen sich schwach und unscheinbar. Sie reden mit leiserer Stimme, fühlen sich schneller überfordert und brechen leichter in Tränen aus.

Viele Vertreterinnen unseres Geschlechts, v. a. natürlich karriereorientierte, leistungsbereite Frauen, reagieren auf diese Studien sauer. „Das bestätigt doch nur die männlichen Vorurteile! Männer sind doch ohnehin der Meinung, daß wir unausgeglichener, streßanfälliger und emotional labiler als sie sind. Und jetzt wird das auch noch wissenschaftlich untermauert!"

Eine verständliche Reaktion! Doch betrachten wir die Ergebnisse noch einmal genau. Die erhöhte Streß- und Krankheitsanfälligkeit während der prämenstruellen Phase geht – und das ist entscheidend – mit einer erhöhten Leistungsfähigkeit und -bereitschaft einher. Unsere Chefs/Kolleginnen/Mitarbeiter können sich also nicht über uns beschweren. Wir müssen allerdings gut auf uns selbst aufpassen, damit wir uns in dieser Zeit nicht überfordern. Außerdem zeigen die Studien doch nur, daß Frauen in den kritischen Tagen hinsichtlich Konfliktbereitschaft oder Einschätzung Dritter den Männern ähnlicher sind!

Was das alles mit Streß zu tun hat? Im Urlaub, in glücklichen und entspannten Lebensphasen merkt man von diesen prämenstruellen Schwankungen beinahe gar nichts. Steht „frau" dagegen unter Dauerstreß, können diese Symptome verstärkt zu beobachten sein. Dies ist ein weiterer Hinweis darauf, daß die Mißachtung natürlich vorgegebener Leistungsschwankungen durch den modernen Arbeitsalltag zu körperlichen und seelischen Problemen führen kann.

Natürlich können Sie nicht „krank" feiern, wenn Sie Ihre Tage haben. Aber vielleicht können Sie etwas mehr auf sich achten und sich nicht überfordern?

7. Ansatzpunkte für eine erfolgreiche Streßbewältigung

So manche Leserin wird sich mittlerweile denken, es reiche jetzt mit all den deprimierenden Analysen. Verabschieden wir uns also an dieser Stelle von den Streßsymptomen und wenden uns der Frage zu: Was kann „frau“ tun, um auch in diesem, offenbar so ungesunden Zeitalter besser mit Streß umzugehen?

Halten Sie sich bitte nochmals das Bild der Jägerin und Sammlerin mit dem Tiger vor Augen. Daraus ergeben sich nämlich zwei Ansatzpunkte zur Streßbewältigung:

1. Ansatzpunkt Person:

Was kann ich an mir selbst verändern, damit ich durch Streß nicht krank werde? Eine erfolgreiche Streßbewältigung, die an der Person ansetzt, untersucht systematisch folgende Bereiche:

Reaktion auf Stressoren

Welche meiner Streßbewältigungsstrategien sind auf Dauer wirksam? Welche Reaktionen sind dagegen unwirksam oder führen sogar dazu, daß es mir (langfristig) noch schlechter geht?

Gelernte (typisch weibliche) Verhaltensweisen

Welche gelernten, zum Teil typisch weiblichen Handlungsmuster zeige ich im Arbeitsalltag (fühle mich für die Probleme anderer verantwortlich, mangelnde Delegation, etc.)? Welche davon möchte ich beibehalten, welche ablegen?

Selbstorganisation

Wie organisiere ich mich selbst? Wie planvoll und kontrollierbar gestalte ich meinen Arbeitsalltag? Bin ich die Jägerin oder die Gejagte?

Realistische Anforderungseinschätzung

Die Streßreaktion beginnt mit der Wahrnehmung und Bewertung eines Stressors. Wie realistisch sind die Wahrnehmung und Bewertung? Mache ich häufig aus einer Maus einen Tiger, d. h. überschätze ich die Probleme, oder unterschätze ich meine Fähigkeiten? Oder unterschätze ich die Anforderungen und gerate deshalb oft in Streß?

Gesundheitsbewußtsein

Wie gehe ich mit meinem Körper um? Sorge ich durch ausreichende Regenerationsphasen, gesunde Ernährung und vor allem Bewegungsausgleich dafür, daß die Jägerin und Sammlerin in mir auf ihre Kosten kommt?

2. Ansatzpunkt Umwelt:

Wir haben uns schon oft über die Einstellung einiger Auftraggeber geärgert, die von uns erwarten, daß wir in ihren Firmen Streßbewältigungsseminare abhalten, in denen lediglich an den Personen, nicht aber an der Umwelt angesetzt wird. Kurzfristig ist es immer billiger, an den Personen Kosmetik zu betreiben, als die Schwachpunkte in der Organisation anzugehen. Langfristig ist damit aber niemandem gedient!

Wenn, bildlich gesprochen, die Umwelt „von Tigern nur

so wimmelt", können Sie Waldläufe machen und Müsli essen, so viel Sie wollen. Sie werden damit bestenfalls eine Linderung Ihrer Streßsymptome bewirken. Die Ursachen aber bleiben bestehen. Die wesentliche Frage zum Ansatzpunkt „Umwelt" lautet also: Sind zu viele und zu häufig auftauchende Stressoren in meiner Umwelt?

Am Arbeitsplatz können das z.B. folgende Bereiche sein:

- zu viele, zu schwierige, zu komplexe Aufgaben,
- Unsicherheit des Arbeitsplatzes,
- fehlende betriebliche Maßnahmen, um Familie und Beruf unter einen Hut zu bringen,
- die unausgesprochene Betriebsregel: Frauen müssen 120 Prozent leisten, um anerkannt zu werden,
- schlechtere Bezahlung, mangelnde Aufstiegschancen im Vergleich zu männlichen Kollegen,
- ergonomisch schlechte Arbeitsbedingungen,
- Unterforderung, Monotonie (in typischen Frauenberufen) u.a.m.

Am Schnittpunkt Beruf/Privatleben treten folgende Stressoren auf:

- die Doppelbelastung durch Beruf und Familie,
- zu viele Routineaufgaben zusätzlich zum Beruf (vor allem Haushalt),
- Fehlen eines Partners (Privatleben wird der Karriere geopfert),
- ein unharmonisches soziales Klima, Konflikte mit dem Partner (der Karriereambitionen u. U. torpediert) usw.

Im dritten Teil dieses Buches werden wir Anzahl und Art der Stressoren, denen Sie ausgesetzt sind, festmachen. Mit welchen Tigern lohnt es sich zu kämpfen? Wann tritt man besser den Rückzug an?

Teil 2
Ansatzpunkt Person

8. Joghurt allein genügt nicht

Beim Thema Streßbewältigung denkt man unwillkürlich an das Maßnahmenarsenal, das wackere Frauenzeitschriften Woche für Woche herunterbeten:

- Joghurt – aber bitte mit Sanddorn!
- Entspannung – mit oder ohne Gurkenmaske?
- Waldspaziergang – „Gehen Sie zügig, atmen Sie tief!"
- Schlaf – „Schlafen Sie sich schön und fit!"
- Körner – „Welches Müsli für welchen Persönlichkeitstyp?"

und so weiter und so weiter.

Keine Angst, wir werden Sie mit alledem so kurz wie möglich und nur so lang wie nötig langweilen. Nichts gegen Joghurt! Aber die Ursachen eines ge– oder mißglückten Streßmanagements liegen tiefer!

Unser Leben ist rein körperlich gesehen weit weniger anstrengend oder gefährlich als früher. Elektrisches Licht, Zentralheizung und Lift bieten optimalen Komfort. Büro– und Haushaltsgeräte erleichtern uns die Arbeit. Auf Deutschlands Straßen lauern nur noch selten böse Räuber oder wilde Tiere. Kaum einer braucht zu hungern, zu frieren oder um sein Leben zu fürchten. Und dennoch klagen (fast) alle über Streß!

Der Dschungel ist gerodet, aber wir haben stattdessen einen Dschungel von Aufgaben im Kopf. Kein Tiger bedroht unser Leben, aber wir phantasieren uns ständig welche. Streß ist im zwanzigsten Jahrhundert zu einem psychischen Problem geworden, zu einer Frage der Wahrnehmung und des Denkens. Das psychische Überleben ist heute viel anstrengender als das physische.

Vieles von dem, was uns streßt, passiert „nur" in unseren Köpfen. Karriereziele, die wir uns stecken, Leistungsansprüche, die wir uns machen, Zukunftssorgen, die uns plagen, oder Selbstzweifel, mit denen wir uns beschäftigen. Und mit der Bewertung von „objektiv" schwierigen Anforderungen ist es auch so eine Sache. „Wie wirklich ist die Wirklichkeit?" fragt sich und uns der bekannte Kommunikationswissenschaftler Watzlawick. Ist der Konkurrenzkampf in der Firma wirklich so mörderisch oder bewertet man ihn nur so – aufgrund schlechter früherer Erfahrungen? Ist das Projekt Xerxes tatsächlich so anspruchsvoll oder hat Andrea nur die Fristen zu knapp kalkuliert („Pah, das mach' ich doch mit links!") und kommt deshalb jetzt ins Schleudern? Wer ständig überall nur Tiger sieht, macht sich verrückt. Wer umgekehrt Schwierigkeiten dauernd unterschätzt, produziert damit auch Streß. Beides hat mit uns selbst, mit unserer Person bzw. Persönlichkeit zu tun. Und da gibt es bekanntlich individuell sehr große Unterschiede! Auch deshalb reichen die Patentrezepte à la Kochbuch („Man nehme eine Prise Entspannung, einen Schuß Sport, dazu noch zwei Zeitmanagement-Techniken und fertig ist das Anti-Streß-Programm") nicht aus.

Streß fällt nicht vom Himmel! Wir treffen nicht „einfach nur" eine Situation, die uns beansprucht, an und reagieren mit Streß darauf. Vielmehr suchen wir Situationen aktiv auf, meiden oder schaffen uns Stressoren. Jede Frau verhält sich anders, wenn es schwierig, anstrengend oder gefährlich wird. Mit unserem Verhalten stellen wir die Weichen dafür, welche Stressoren künftig auftauchen.

Sie werden gefragt, ob Sie einen interessanten neuen Job übernehmen möchten. Ihre Antwort entscheidet darüber, welche Stressoren und auch Erfolgserlebnisse Sie künftig haben werden. Nehmen Sie die Herausforderung an? Dann kommt wahrscheinlich jede Menge Neues auf Sie zu. Ihr Leben wird zunächst sicher „stressiger". Werden Sie es meistern? Das zu entscheiden, ist eine Frage der realistischen Einschätzung der Aufgabe einerseits und der eigenen Fähigkeiten andererseits. Lehnen Sie die Aufgabe dagegen ab, dann stellt sich Ihre zukünftige Situation völlig anders dar. Die mit der Aufgabe verbundenen Stressoren haben Sie vermieden. Aber fühlen Sie sich deshalb besser? Vielleicht liegen Sie nachts wach und ärgern sich über die verpaßte Chance. Ihr Körper reagiert auch darauf mit Streß.

Erinnern wir uns: Wir leben in einem Zeitalter, in dem es primär auf unser Denken ankommt. Probleme entstehen nicht nur im Kopf, sie werden zumeist auch dort gelöst. Wer versucht, Herausforderungen mit Körperkraft zu begegnen, benimmt sich wie die Axt im Walde. Man duelliert sich, wenn überhaupt, mit Worten, nicht mit Taten. Der Jäger- und Sammlerin in uns würde es jedoch guttun, Streß durch Tatkraft im wahrsten Sinne des Wortes abzubauen. Lassen wir uns vielleicht deshalb so von den Arnold Schwarzeneggers und Silvester Stallones faszinieren, weil sie uns vorgaukeln, daß es noch wirkliche Tiger zu bekämpfen gilt? Ach nein, diese Filme schauen sich ja nur Männer an – oder?

Halten wir fest: Eine erfolgreiche Streßbewältigung setzt auch an der Person an. Ihre Persönlichkeit (z. B. ängstlich versus risikobereit), Ihre Bewertung (realistisch?)

und nicht zuletzt die Art, wie Sie mit Streß umgehen (typisch weiblich?), entscheiden darüber, ob und welchen Streß Sie haben! Wir helfen Ihnen in diesem Teil des Buches dabei, sich selbst unter die Lupe zu nehmen.

Jetzt geht es um die psychischen Streßbewältigungsmaßnahmen. Was tue ich, um meinen Streß zu bekämpfen? Wie verhalte ich mich (typischerweise) in stressigen Situationen? Welche meiner Streßbewältigungsstrategien verdienen diesen Namen, welche sind dagegen eher „Streßverstärkungsmaßnahmen"? Und, last not least: Gibt es neue, hilfreiche Verhaltensweisen, die ins Repertoire aufzunehmen sich lohnt? Das wollen wir gemeinsam in den folgenden Kapiteln herausfinden.

Streßbewältigung à la Frau

Frage: Wie reagiert der Mensch auf Streß?
Antwort: Ziemlich unterschiedlich!

Wenn auch grammatikalisch falsch – inhaltlich ist die Antwort in zweifacher Hinsicht richtig. Wenn Sie das vorangegangene Kapitel gelesen haben, wissen Sie: Jeder verhält sich anders, wenn es schwierig, anstrengend oder gefährlich wird. Es gibt also einerseits bestimmte, persönlich bevorzugte Streßbewältigungsreaktionen, andererseits hängt die Reaktionsweise auch von der speziellen Herausforderung ab. Nicht jede Maßnahme paßt für jede Situation. Schon der Jägerin und Sammlerin in grauer Vorzeit standen zumindest zwei verschiedene „Streßbewältigungsmaßnahmen" (Kämpfen oder Fliehen) zur Verfügung. Für die hochkomplexen Anforderungssituationen des Industriezeitalters brauchen wir noch ein paar mehr zur Auswahl. Welche sind das?

In den achtziger Jahren hat sich eine Forschergruppe

um Professor Janke die Frage gestellt: Wie gehen Menschen mit Streß um? Oder, etwas wissenschaftlicher ausgedrückt: Welche verschiedenen Streßbewältigungsstrategien lassen sich unterscheiden? Wie nicht anders zu erwarten war, zeigten die untersuchten Personen recht unterschiedliche Reaktionsweisen unter Streß. Die wichtigsten haben wir in den Fragebogen 2 aufgenommen. Zunächst möchten wir jedoch drei wesentliche Erkenntnisse festhalten:

1. Nicht alle Streßbewältigungsstrategien sind gleich gut oder wirksam. Manche Verhaltensweisen verschaffen zwar kurzfristig eine Entlastung, bewirken jedoch langfristig bestenfalls gar nichts oder wirken sogar streßverstärkend.

2. Welche Streßbewältigungsstrategie die richtige ist, hängt oft von der Situation ab. Manchmal ist es auch heute noch sinnvoll und wichtig zu „kämpfen" (wenn auch nicht unbedingt mit Fäusten) und aktiv die Umwelt zu verändern. Ist Kampf jedoch aussichtslos, sollte man lieber zum Rückzug blasen, als immer wieder gegen eine Mauer anzurennen.

3. Männer und Frauen reagieren nicht immer gleich, wenn sie sich geärgert, gestreßt oder beunruhigt fühlen. Durch unsere Erziehung bekommen wir vermittelt, was man/frau gegen Streß und Ärger unternimmt. Manches davon legen wir „Gott sei Dank" im Laufe unseres Lebens wieder ab. Anderes behalten wir unbewußt, vielleicht für immer, bei.

Dieser letzte Punkt liegt uns (als Psychologinnen) am meisten am Herzen. Wir wollen Ihnen dabei helfen, Ihre starren und unbewußten Reaktionsweisen auf Streß zu erkennen. Deshalb beschränken wir uns auch nicht auf Tips zur Streßbewältigung im engeren Sinn, sondern beleuchten die weibliche Rolle und Sozialisation (Kapitel 9 bis 11). Sie sollten in Zukunft selbst entscheiden, wie Sie sich verhalten wollen, wenn Sie sich „gestreßt“ fühlen - anstatt einfach wie ein Automat in Streßsituationen immer gleich (schlecht) zu reagieren.

Fragebogen 2: Streßbewältigungsstrategien

Wie reagieren Sie auf Streß? Um das herauszufinden, haben wir diesen Fragebogen konstruiert. Die verschiedenen Möglichkeiten, auf Streß zu reagieren, und deren Vor- und Nachteile werden wir nachher besprechen. Wenn Sie wirklich etwas über sich herausfinden wollen, sollten Sie ganz offen und ehrlich antworten! Schließlich bleibt der Fragebogen in Ihren Händen. Antworten Sie also nicht so, wie Sie sich gerne sehen würden, sondern so, wie Sie tatsächlich sind! Sie sollten sich etwa 15 Minuten Zeit nehmen.

Stellen Sie sich bitte möglichst lebhaft eine Situation vor, bei der Sie sich in letzter Zeit geärgert, geängstigt oder gestreßt gefühlt haben. Am besten eignen sich Situationen, die Sie in ähnlicher Form schon mehrmals erlebt haben. Auslöser könnten z. B. gewesen sein:

- „Knatsch“ mit dem Partner, einer Kollegin, der Chefin, oder einem Mitarbeiter
- Zeitdruck, Termindruck
- Sie wurden bei etwas Wichtigem unterbrochen, gestört ... (vielleicht weil ein Gerät kaputtging)
- ein sogenanntes „kritisches Lebensereignis“ (z.B. Tod, Trennung, Scheidung, Ablösung der Kinder vom Elternhaus)
- Sie steckten in einer für Sie unkontrollierbaren Situation (z.B. Stau, steckengebliebener Lift usw.)

- unterschwellig schwelende Konflikte privat oder am Arbeitsplatz
- Man hat Ihnen etwas gestohlen oder kaputtgemacht, an dem Sie sehr hingen
- Dauerlärm, Hitze, Kälte, ungesunde Körperhaltung usw.
- irgendein anderer Auslöser

Lesen Sie bitte erst weiter, wenn Ihnen eine typische Situation eingefallen ist!

Versuchen Sie nun, alles, was passiert ist, wie einen Film vor sich ablaufen zu lassen. Vielleicht schließen Sie hierfür kurz die Augen. Dann lesen Sie die Liste möglicher Reaktionen auf diese Situation durch. Kreuzen Sie bitte die zutreffenden Strategien an!

In meiner typischen Streßsituation habe ich folgendermaßen reagiert:

1. Ich habe versucht mir körperlich etwas Gutes zu tun (z.B. durch: Bewegung, gesunde Ernährung, Urlaub).
2. Ich habe mir gesagt „Ist ja alles nicht so schlimm!“
3. Ich habe an jemanden gedacht, dem es noch übler geht als mir.
4. Ich habe versucht, an etwas anderes zu denken (z.B. ferngesehen, gelesen, von etwas anderem gesprochen).
5. Um mich aufzumuntern, habe ich mich Dingen zugewendet, die ich besonders gut kann.
6. Ich habe an einen schönen Erfolg gedacht.
7. Ich habe mir gedacht: „Das ist wieder typisch für mich, das mußte ja so kommen!“ und mir Vorwürfe gemacht.
8. Ich war an der Situation unschuldig! Das habe ich mir auch gesagt.
9. Die Sache hat mich noch ganz schön lange beschäftigt!
10. Ich habe mir vorgenommen, mich künftig nicht mehr in so eine Situation zu begeben.

11. Ich wäre am liebsten weggelaufen.
12. Ich habe „blaugemacht".
13. Ich war deprimiert und habe mich einfach schrecklich gefühlt!
14. Was sollte ich in so einer Situation schon tun? Gar nichts!
15. In solchen Situationen tröste ich mich mit Schokolade!
16. Ich habe mehr als sonst geraucht oder getrunken!
17. Ich habe ein Beruhigungsmittel eingenommen.
18. Ich bin aggressiv geworden (Streiten, Türenknallen).
19. Ich dachte: „Reiß' Dich zusammen!"
20. Ich hab mich mit jemandem, dem ich vertraue, ausgesprochen.
21. Ich habe mich „eingeigelt" und wollte niemanden sehen.
22. Ich habe mich selbst ein wenig bemitleidet.
23. Mein Kōrper hat reagiert (z.B. Magen, Herz, Blutdruck, Wirbelsäule und Gelenke, Haut, Immunabwehr).
24. Ich habe aktiv etwas gegen die Ursache des Streß unternommen, damit so etwas nicht mehr vorkommen kann!

Schauen Sie sich nun die ausführliche Auswertung Ihrer Antworten an.

Auswertung des Streßverarbeitungsbogens

Im Fragebogen sind 16 verschiedene Strategien angesprochen. Bitte suchen Sie sich die von Ihnen angekreuzten Streßbewältigungsmaßnahmen heraus. Und lesen Sie, welche Vor- und Nachteile sich ergeben, wenn Sie regelmäßig so auf Streß reagieren, wie Sie es eben festgestellt haben.

Reaktion 1: etwas für die Gesundheit tun
Antwort 1: Ich habe versucht, mir körperlich etwas Gutes zu tun.

Vorteile: Streß wird vom Körper schneller und besser verarbeitet. Streßanfälligkeit sinkt. Insgesamt besseres psychisches und physisches Befinden.

Nachteile: keine

Wann sollten Sie so reagieren? Immer!
Wann sollten Sie auf keinen Fall so reagieren? Nie!

Wer benützt diese Streßbewältigungsstrategie häufiger – Männer oder Frauen? Antwort: Frauen

Reaktion 2: Aus dem Tiger eine Maus machen
Antwort 2: Bagatellisierung: Ich habe mir gesagt „Ist ja alles nicht so schlimm!"
Antwort 3: Herunterspielen durch Vergleich mit anderen: Ich habe an jemanden gedacht, dem es noch übler geht als mir.
Antwort 4: Ablenken von der Situation: Ich habe versucht, an etwas anderes zu denken (z.B. ferngesehen, gelesen, von etwas anderem gesprochen).

Vorteile: Kurzfristige Entlastung von Streß. Der „Tiger" scheint weg zu sein.

Nachteile: Die Situation bleibt meist unverändert oder verschlimmert sich sogar. Konflikte mit dem Chef bleiben ungelöst. Der verdrängte Präsentationstermin rückt erbarmungslos näher und plötzlich ist die Katastrophe da!

Wann sollten Sie so reagieren?
Wenn Sie von sich wissen, daß Sie dazu neigen, aus „Mäu-

sen Tiger“ zu machen. Wenn Sie schon oft den Teufel an die Wand gemalt haben und später gar nicht mehr verstehen konnten, wie Sie sich so wegen einer harmlosen Sache aufregen konnten. Oder auch, wenn Sie wirklich absolut nichts gegen die Situation unternehmen können (z.B. Sie hängen im Stau fest). Ablenkung, an etwas anderes denken oder die Situation einfach vergessen, ist dann sicher besser, als mit seinem Schicksal zu hadern und dabei unnötig Adrenalin auszuschütten.

Wann sollten Sie auf keinen Fall so reagieren?
Wenn eine Chance besteht, daß Sie durch rechtzeitiges, zielgerichtetes Handeln die unangenehme Situation verändern können, indem Sie z.B. ein klärendes Wort mit dem Chef, Mitarbeiter oder Partner sprechen. Oder sich endlich auf den Hosenboden/Rockboden setzen und eine unangenehme Aufgabe in Angriff nehmen.

Wer benützt diese Streßbewältigungsstrategie häufiger – Männer oder Frauen? Antwort: Männer

Reaktion 3: Das Ego stärken
Antwort 5: Suche nach Selbstbestätigung: Um mich aufzumuntern habe ich mich Dingen zugewendet, die ich besonders gut kann.
Antwort 6: Positive Selbstinstruktion: Ich habe an einen schönen Erfolg gedacht.

Vorteile: Sie stärken Ihr Ego und damit Ihre Handlungskraft. Insbesondere für Leute mit einem ausgeprägten Hang zur Selbstkritik (oder sogar Selbstzweifeln) eine sehr empfehlenswerte Strategie. Indem ich mir klarmache, was ich im Leben schon alles gemeistert habe, ist die derzeitige Herausforderung nicht mehr ganz so überwältigend.

Nachteile: Keine

Wann sollten Sie so reagieren?
Z. B. dann, wenn Ihnen die anderen (der Chef, der Partner) freiwillig nicht genug Bestätigung oder Unterstützung geben. Klopfen Sie sich ruhig öfter einmal selbst auf die Schulter!

Wann sollten Sie auf keinen Fall so reagieren?
Siehe hierzu Reaktion 2: Wenn eine Chance besteht, den Streß durch eigene Aktivitäten (gute Vorbereitung, Information, Gespräche) zu beseitigen, ist Egostärkung als alleinige Maßnahme nicht ausreichend. Zusätzliches Mutmachen, z. B. in der Vorbereitungsphase auf eine Prüfung, schadet jedoch keinesfalls.

Wer benützt diese Streßbewältigungsstrategie häufiger – Männer oder Frauen? Antwort: Männer

Reaktion 4: „Mea Culpa!"
Antwort 7: Selbstbeschuldigung: Ich habe mir gedacht: „Das ist wieder typisch für mich, das mußte ja so kommen!" und mir Vorwürfe gemacht.

Vorteile: Selbsterkenntnis ist der erste Weg zur Besserung! Wenn Sie, aus Sorglosigkeit, mangelnder Vorbereitung u. ä. immer wieder in die gleiche Falle rasseln. Dann wird es tatsächlich Zeit, sich endlich am Riemen zu reißen. Dieser Streß ist hausgemacht!

Nachteile: In der momentanen Situation, im Akutfall sozusagen, helfen Selbstvorwürfe reichlich wenig. Im Gegenteil – Sie fühlen sich nur noch schlechter und sehen überhaupt keinen Ausweg mehr.

Wann sollten Sie so reagieren?
Richtig zielführend ist dieses Verhalten nie. Im „ersten Schock", also in der kurzen Phase der Betroffenheit, wenn

man wirklich „Mist gebaut“ hat, ist es jedoch menschlich.

Wann sollten Sie auf keinen Fall so reagieren?
Selbstbeschuldigung kann genauso wie Schuldabwehr (siehe Reaktion 5) zum festen Muster werden. „Immer ich ...“ – das ist selbstzerstörerisch und führt direkt in den Teufelskreis der Hilflosigkeit!

Wer benützt diese Streßbewältigungsstrategie häufiger – Männer oder Frauen? Antwort: Frauen

Reaktion 5: Immer die anderen!
Antwort 8: Schuldabwehr: Ich war an der Situation unschuldig! Das habe ich mir auch gesagt.

Vorteile: Kurzfristig führt diese Reaktion zur Erleichterung. Es geht mir besser.

Nachteile: Auf Dauer dürfte diese Schuldzuweisung nicht realitätsgerecht sein. Sie bringt einen nicht weiter – und die anderen werden sich bedanken! Man macht sich unbeliebt, kommt in den Ruf des „ewigen Meckerers“, vielleicht sogar in die soziale Isolation.

Wann sollten Sie so reagieren?
Wenn die anderen tatsächlich schuld sind, dürfen sie das auch erfahren.

Wann sollten Sie auf keinen Fall so reagieren?
Siehe hierzu Reaktion 4.

Wer benützt diese Streßbewältigungsstrategie häufiger – Männer oder Frauen? Antwort: Männer

Reaktion 6: Warum nur ...?
Antwort 9: Gedankliche Weiterbeschäftigung: Die Sache

hat mich noch ganz schön lange beschäftigt!

Vorteile: Die Analyse der Situation kann wichtige Erkenntnisse für die Zukunft bringen. Konstruktives, ehrliches Nachdenken („Warum ist meine Beziehung gescheitert? Was waren meine Anteile dabei?") können „beim nächsten Mal" zu einem verbesserten Verhalten beitragen.

Nachteile: Ewiges Grübeln ist selbst schon wieder Streß!

Wann sollten Sie so reagieren?
Solange sich tatsächlich konkrete Ansatzpunkte herauskristallisieren, wie man es in Zukunft besser machen könnte.

Wann sollten Sie auf keinen Fall so reagieren?
Sobald das Kreisen ums Problem unproduktiv und destruktiv wird („Das konnte ja nur so kommen! Ich bin halt schlicht unfähig!" siehe hierzu auch Reaktion 4.). Wenn Sie Ihre Kräfte und Ihren Grips brauchen, um die Situation jetzt zu meistern und Ihnen Ihre Grübelei dabei im Moment nichts hilft.

Wer benützt diese Streßbewältigungsstrategie häufiger – Männer oder Frauen? Antwort: Frauen

Reaktion 7: Flucht und Vermeidung
Antwort 10: Vermeidungstendenz: Ich habe mir vorgenommen, mich künftig nicht mehr in so eine Situation zu begeben.
Antwort 11: Fluchttendenz: Ich wäre am liebsten weggelaufen.
Antwort 12: Vermeidungstendenz: Ich habe „blaugemacht".

Vorteile: Wenn der Stressor tatsächlich so massiv ist, daß ich ihn nicht bewältigen kann. Den wilden Tiger anzugreifen, davon haben schon unsere Ahnen aus der Jäger- und

Sammlerzeit nach Möglichkeit Abstand genommen und lieber Fersengeld bezahlt.

Nachteile: Die Situation bleibt oft unverändert: Mein cholerischer Chef ist auch übermorgen (nachdem ich einen Tag blaugemacht habe) noch da. Außerdem leidet das Selbstbewußtsein („Drückeberger") und bald traue ich mir gar nichts mehr zu.

Wann sollten Sie so reagieren?
In aussichtslosen oder gefährlichen Situationen heißt es – bildlich gesprochen –: Die Beine unter den Arm nehmen. Nicht jeder ist zum Märtyrer geboren.

Wann sollten Sie auf keinen Fall so reagieren?
Bei Alltagskonflikten, sei es im Beruf oder zuhause, bei Herausforderungen, denen Sie gewachsen sind. Hier lautet die Devise: Probleme rechtzeitig angehen! Wer den Kopf in den Sand steckt, macht alles nur noch schlimmer.

Wer benützt diese Streßbewältigungsstrategie häufiger – Männer oder Frauen? Antwort: Frauen

Reaktion 8: Opferlamm–Strategie
Antwort 13: Depression: Ich war deprimiert und habe mich einfach schrecklich gefühlt!
Antwort 14: Resignation: Was sollte ich in so einer Situation schon tun? Gar nichts!

Vorteile: Keine

Nachteile: Sie geraten in einen Teufelskreis der Passivität und Depression. Psychische und physische Erkrankungen können die Langzeitfolgen sein. Diese äußerst gefährlichen Reaktionsweisen werden in Kapitel 9 ausführlich besprochen. Unbedingt lesen!!

Wann sollten Sie so reagieren? Nie!

Wann sollten Sie auf keinen Fall so reagieren?
Immer (d. h. also möglichst nie anwenden!!)

Wer benützt diese Streßbewältigungsstrategie häufiger – Männer oder Frauen? Frauen – und zwar deutlich!

Reaktion 9: Den Streß betäuben
Antwort 15: Ersatzbefriedigung: In solchen Situationen tröste ich mich mit Schokolade!
Antwort 16: Drogenkonsum: Ich habe mehr als sonst geraucht oder getrunken!
Antwort 17: Pharmakaeinnahme: Ich habe ein Beruhigungsmittel eingenommen.

Vorteile: Keine

Nachteile: Man wird fett, süchtig und/oder krank! Mit diesen Streßreaktionen beginnt der Einstieg in einen Teufelskreis: Weil ich zu dick bin, kriege ich keinen Mann/guten Job. Die Stressoren Einsamkeit oder Frust im Job betäube ich mit Schokolade. Und werde noch dicker und kriege erst recht keinen Mann/neuen Job ...

Wann sollten Sie so reagieren?
In ganz extremen Situationen und für sehr kurze Zeit kann es sinnvoll sein, sich zu betäuben. Den meisten von uns bleibt es allerdings erspart, Opfer einer Flugzeugentführung oder eines Geiseldramas zu sein ...

Wann sollten Sie auf keinen Fall so reagieren?
Bei jeder Form von Alltagsstreß ist dieses Verhalten extrem unangebracht und wirkt eindeutig streßverstärkend!! Ein, zwei Gläschen Wein, zum Einschlafen – wer dies als Frau täglich „anwendet" ist, strenggenommen, bereits alkohol-

abhängig.

Wer benützt diese Streßbewältigungsstrategie häufiger – Männer oder Frauen? Ersatzbefriedigung: Frauen; Drogenkonsum: Männer

Reaktion 10: Explodieren
Antwort 18: Aggression: Ich bin aggressiv geworden (Streiten, Türenknallen usw.).

Vorteile: Der Feind wird in die Flucht geschlagen. Außerdem verbrennt man dabei jede Menge Adrenalin, was zusätzlich streßreduzierend wirkt.

Nachteile: Gerade bei Frauen wird offene Aggression sozial nur schwer akzeptiert („Sie haben wohl Ihre Tage!"). Man kommt in den Ruf, eine „hysterische Kuh" zu sein.

Wann sollten Sie so reagieren?
In „kultivierter" Form, also z. B. mit „messerscharfen" Worten, sollten Frauen im Beruf ruhig öfter die Krallen zeigen.

Wann sollten Sie auf keinen Fall so reagieren?
Druck erzeugt Gegendruck! Wenn die Situation sich aufzuschaukeln beginnt.

Wer benützt diese Streßbewältigungsstrategie häufiger – Männer oder Frauen? Antwort: Männer

Reaktion 11: Zähne zusammenbeißen
Antwort 19: Reaktionskontrolle: Ich dachte: „Reiß' Dich zusammen!"

Vorteile: Die Reaktion ist sozial angepaßt. In vielen, v. a. beruflichen Streßsituationen (Kritikgespräch mit dem Chef,

Beschwerde eines wütenden Kunden) haben wir gar keine andere Wahl.

Nachteile: Ist dies langfristig die einzige Reaktionsmöglichkeit, treten alle in Kapitel 5 geschilderten körperlichen und psychischen Folgen von Dauerstreß zutage.

Wann sollten Sie so reagieren?
Wenn anderes Verhalten gefährlich oder verantwortungslos wäre. Beispiel: Sie sitzen am Steuer, leiten eine wichtige Versammlung etc.

Wann sollten Sie auf keinen Fall so reagieren?
Wenn Sie sich krank fühlen/krank sind – das kann nämlich ins Auge gehen!

Wer benützt diese Streßbewältigungsstrategie häufiger – Männer oder Frauen? Antwort: Frauen

Reaktion 12: Rückendeckung suchen
Antwort 20: Soziale Unterstützung: Ich habe mich mit jemandem, dem ich vertraue, ausgesprochen.

Vorteile: Enorme Entlastung, man fühlt sich unmittelbar besser, erleichtert und gestärkt. Außerdem kann die Gesprächspartnerin die eigene, oft recht eingeschränkte Wahrnehmung („Alle sind gegen mich!" „Ich schaffe das nie!") zurechtrücken, v. a. wenn sie Sie gut kennt. In dieser von Frauen bevorzugten Strategie sehen wir einen enormen Vorteil der weiblichen Streßbewältigung.

Nachteile: keine

Wann sollten Sie so reagieren?
Wenn Sie unter guten Freundinnen oder in anderen guten Händen sind.

Wann sollten Sie auf keinen Fall so reagieren?
Vorsicht am Arbeitsplatz! Sich hier bei einer Kollegin oder gar dem Chef auszuheulen, kann für böses Blut sorgen. Wir glauben, daß Frauen unter anderem deshalb oft nachgesagt wird, sie seien am Arbeitsplatz intrigant, weil sie zu naiv und voreilig mit jedem über alles sprechen. Erzählen Sie es besser einer guten Freundin „draußen", sonst gibt's noch mehr Streß!

Wer benützt diese Streßbewältigungsstrategie häufiger – Männer oder Frauen? Antwort: Frauen

Reaktion 13: In Quarantäne gehen
Antwort 21: soziale Abkapselung: Ich habe mich „eingeigelt" und wollte niemanden sehen.

Vorteile: keine

Nachteile: Vereinsamung, soziale Isolation. Verlust der Möglichkeit zur „Realitätskontrolle" (Die anderen sehen es vielleicht ganz anders/gar nicht so dramatisch).

Wann sollten Sie so reagieren?
Wenn Sie sich (vorübergehend!) in einem Umfeld aufhalten müssen, in dem Kommunikation wirklich unmöglich ist. Sie sind z. B. kurzfristig (als Vertretung in Hospitanz) in einer Firma mit unerträglichem Betriebsklima und noch dazu in einer fremden Stadt tätig.

Wann sollten Sie auf keinen Fall so reagieren?
Wenn Freundinnen, Familie irgendwie in erreichbarer Nähe sind, sollten Sie soziale Unterstützung suchen.

Wer benützt diese Streßbewältigungsstrategie häufiger – Männer oder Frauen? Antwort: Männer

Reaktion 14: „Ich armer Wurm!“
Antwort 22: Selbstmitleid: Ich habe mich selbst ein wenig bemitleidet.

Vorteile: Selbstmitleid in Maßen ist erlaubter Seelentrost. Nur wer Selbstmitleid hat, kann auch Mitleid mit anderen haben und zeigen.

Nachteile: Paßt nicht zum Idealbild einer erfolgreichen, starken Frau. Wird von anderen sehr schnell als Schwäche ausgelegt.

Wann sollten Sie so reagieren?
Wenn das Leben einem wirklich übel mitgespielt hat. Verluste müssen abgetrauert werden, damit neue Beziehungen und neue Lebensfreude entstehen können.

Wann sollten Sie auf keinen Fall so reagieren?
Bei jeder Kleinigkeit. Über Jahre als Hauptgefühl.

Wer benützt diese Streßbewältigungsstrategie häufiger – Männer oder Frauen? Antwort: Frauen

Reaktion 15: Nur der Körper weiß, was los ist!
Antwort 23: Somatisierung: Mein Körper hat reagiert (z.B. Magen, Herz, Blutdruck, Wirbelsäule und Gelenke, Haut, Immunabwehr).

Vorteile: Körperliche Streßsymptome sind oft die allerletzte Warnung vor dem Ende. Insofern haben Sie etwas Gutes und bewirken manchmal eine Umkehr in allerletzter Sekunde.

Nachteile: Das eigentliche Problem (z. B. die Angst vor Mißerfolgen, Arbeitsplatzverlust) wird verschoben und nicht bearbeitet. Die Krankheit wird vorgeschützt, um sich die dringend benötigte Erholungspause gönnen zu können. Die unerträgliche Situation, die dahintersteckt, bleibt jedoch in der Regel unverändert.

Wann sollten Sie so reagieren? Nie!

Wann sollten Sie auf keinen Fall so reagieren? Immer!

Wer benützt diese Streßbewältigungsstrategie häufiger – Männer oder Frauen? unspezifische Beschwerden: Frauen schwere Erkrankungen: Männer

Reaktion 16: Auf Tigerjagd gehen
Antwort 24: Situationskontrolle: Ich habe aktiv etwas gegen die Ursache des Streß unternommen, damit so etwas nicht mehr vorkommen kann!

Vorteile: Die Situation wird aktiv angegangen. Die Chance, den Stressor zu beseitigen – und damit dauerhaft Erfolg zu haben – ist maximal.

Nachteile: keine

Wann sollten Sie so reagieren?
Immer dann, wenn auch nur die kleinste Chance besteht, daß die Situation durch zielgerichtetes Handeln positiv beeinflußt werden kann.

Wann sollten Sie auf keinen Fall so reagieren?
Wenn die Situation derzeit nicht unter Ihrer Kontrolle ist (Sie sitzen im Flugzeug, unterwegs zu einem wichtigen Termin und die Starterlaubnis wird nicht gegeben.)

Wer benützt diese Streßbewältigungsstrategie häufiger - Männer oder Frauen? Antwort: Männer

Sie wissen nun, daß es einen Riesenunterschied macht, ob wir mit „Opferlamm–Haltung“ den Streß ertragen oder aktiv auf Tigerjagd gehen. Ob wir unter Streß explodieren oder die Zähne zusammenbeißen. Ob wir Stressoren bagatellisieren oder im Gegenteil aus einer Maus einen Elefanten machen. Beileibe nicht jede der Streßbewältigungsmaßnahmen verdient diesen Namen! Haben Sie festgestellt, daß bei Ihnen eine oder mehrere Reaktionsweisen auf Streß zur Gewohnheit geworden sind? Daß Sie nicht nur einmal, sondern (fast) immer mit Resignation, Selbstbeschuldigung oder gesteigertem Schokoladenkonsum auf unangenehme Situationen reagieren?

In diesem Fall sollten Sie sich fragen: Welche positiven und negativen Konsequenzen ergeben sich aus meinem Verhalten? Ist z. B. mein hoffnungslos überladener Schreibtisch darauf zurückzuführen, daß ich jeden neuen Auftrag mit resignativem Achselzucken akzeptiere, anstatt endlich mal dafür zu sorgen, daß die Aufgaben im Büro gerechter verteilt werden? Gerade das letzte Beispiel, die „Opferlammhaltung“, scheint nämlich typisch für uns Frauen zu sein.

Streßbewältigung – Unterschiede zwischen Frauen und Männern

Welche Strategien bevorzugen Frauen im Unterschied zu Männern? Eine Analyse der Untersuchungen von Janke und seinen Mitarbeitern ergab folgendes Bild.

Das tun Männer häufiger unter Streß:

- Das Ego stärken (z. B. an einen schönen Erfolg denken)
- Strategie: Immer die anderen! (Schuldabwehr)
- Auf Tigerjagd gehen (Aktive Veränderung der Umwelt, die streßt)

Das tun Frauen häufiger unter Streß:

- Rückendeckung suchen (z. B. sich jemandem anvertrauen)
- Strategie „Warum nur“ (sich gedanklich mit dem Problem weiterbeschäftigen)
- Strategie „Ich armer Wurm“ (Selbstmitleid)
- Strategie „Mea culpa“ (Selbstvorwürfe)
- Flucht oder Vermeidung
- Ersatzbefriedigung (Trost, z. B. mit Schokolade)

„Die Zähne zusammenbeißen“, den Streß betäuben (Drogen, Tabletten) und Bagatellisierung (aus dem Tiger eine Maus machen) scheinen bei Frauen und Männer gleich oft vorzukommen.

In den letzten Jahren wurden die Unterschiede zwischen Männern und Frauen zwar zunehmend geringer, die Grundtendenz blieb jedoch (leider!) erhalten. Und die lautet:

Frauen reagieren auf Streß eher passiv.
Männer verhalten sich bei Streß eher aktiv.

9.
Frauen und Depression: Gelernte Hilflosigkeit

Doppelt soviele Frauen wie Männer leiden unter Depressionen!(2) Die Depressionsrate von Frauen in der Bevölkerung liegt bei etwa 10 %. Das bedeutet, daß jede zehnte Frau depressiv ist. Bei den Männern sehen die Zahlen anders aus – genau um die Hälfte niedriger. Sogar bei Kindern läßt sich dieser Trend schon beobachten. Doppelt soviele Mädchen wie Jungen haben depressive Symptome, sind weinerlich, passiv und leiden unter Magengeschwüren und Antriebslosigkeit.

Woher kommt das? Sind Depressionen bei Frauen angeboren und damit genetisches Schicksal? Sicher nicht! Es gibt zwar eine Form der Depression (die sogenannte endogene Depression), die zu einem erheblichen Anteil vererbt wird. Dabei handelt es sich jedoch um eine schwere psychiatrische Krankheit, die bei Männern und Frauen gleich häufig vorkommt und eher selten auftritt. Davon sprechen wir hier nicht.

Wir meinen eine andere Form der Depression. Und zwar das „ganz alltägliche Deprimiertsein". Fast jede von uns kennt es zumindest ansatzweise. Diese Niedergeschlagenheit geht mit einem Gefühl der Macht- und Hilflosigkeit einher. Ich habe das Gefühl, mich zu nichts aufraffen zu können. „Das bringt ja eh' nichts!" denke ich dabei immer öfter. Mein Selbstbewußtsein ist angeschlagen, ich traue mir weniger und weniger zu. Alles ist mir zuviel. Es ist so ein Gefühl, als ob das Leben mit mir Fußball spielt. Nicht ich handle, sondern „es“ passiert mit mir. Sicher kennen Sie diesen Zustand. Zumindest beim ersten Liebeskummer hat fast jeder Mensch mal so oder ähnlich empfunden.

Füllen Sie bitte zunächst den Fragebogen 3 aus, ehe Sie weiterlesen. Kreuzen Sie an, wie häufig Sie die aufgeführten Symptome verspüren. Es handelt sich um einen Diagnosebogen zur Depressivität.

Fragebogen 3: Depressivität

	häufig	manchmal	nie
1. Ich muß mich sehr antreiben, etwas zu tun.			
2. Ich sehe ohne Hoffnung in die Zukunft.			
3. Ich habe Schuldgefühle.			
4. Es fällt mir schwer, Entscheidungen zu treffen.			
5. Das Leben erscheint mir sinnlos.			
6. Es gibt kaum etwas, das mir wirklich Freude oder Spaß macht.			
7. Ich habe Schlafstörungen.			
8. Mein Körper fühlt sich an wie Blei.			
9. Alles ist mir zuviel.			
10. Ohne offensichtlichen Grund fühle ich mich niedergeschlagen.			

Ein Hinweis in Richtung „Deprimiert sein“ sind bereits zwei oder mehr angekreuzte „häufig“ sowie mehrfach angekreuztes „manchmal“.

Wenn Sie nochmals zu dem Punkt (Streßbewältigung – Unterschiede zwischen Männern und Frauen) am Ende des letzten Kapitels zurückblättern, dann sehen Sie: Frauen greifen häufiger zu „Mitteln“ wie Selbstbeschuldigung, Grübelei, Flucht-/Vermeidungstendenzen und Resignation. Und in genau diesen Verhaltensweisen liegt unserer Meinung nach der Schlüssel zur weiblichen Depression!

Halten wir fest: Frauen neigen, besonders unter Streß, häufig zu passivem, resignativem Verhalten. Es handelt sich hierbei um gelernte Verhaltensweisen. Diese stehen im Zusammenhang mit der Erziehung zur Frau. (Wir werden das in den folgenden Kapiteln noch belegen). Dies manifestiert sich in der hohen Depressionsrate von Frauen.

Ein amerikanischer Psychologe namens Seligman hat in den siebziger Jahren bahnbrechende Untersuchungen zur Entstehung von Depressionen gemacht. Seine Ergebnisse und Überlegungen passen genau zu den „typisch weiblichen“ Reaktionsweisen bei Streß.

Wie entstehen neurotische (im Gegensatz zu den angeborenen, endogenen) Depressionen? Das war die Leitfrage von Seligmans Experimenten. Er verabreichte den Tieren Elektroschocks, also kurze Stromstöße. Den Hundebesitzerinnen unter unseren Leserinnen wird das sicher nicht gefallen. Lesen Sie bitte dennoch weiter, die Ergebnisse sind für uns Frauen sehr, sehr wichtig.

Die Versuchsanordnung sah folgendermaßen aus: Seligman teilte gesunde, verhaltensunauffällige Hunde in zwei Gruppen. Zunächst sperrte er die eine Gruppe in einen Käfig, in dem ihnen Stromschläge verabreicht wurden

(= Stressor). Die Hunde hatten aber die Möglichkeit, sich durch einen bestimmten Tastendruck aus dem Käfig zu befreien. So konnten sie dem Stressor entgehen. Bereits nach einigen Versuchen hatten sie das begriffen und gelernt. Nun regte sie der „Stromstreß“ nicht mehr besonders auf. Kaum wurden sie in den Käfig gesperrt, befreiten sie sich wieder und entgingen so den Stromschlägen. Auch nach mehreren Wochen, in denen die Versuche täglich wiederholt wurden, blieben sie gesund und unauffällig.

Anders erging es der zweiten Gruppe der Seligmanschen Hunde. Sie wurden ebenfalls in den Käfig gesteckt und erhielten Stromschläge. Im Unterschied zur ersten Gruppe konnten sie sich aber nicht selbst befreien. Zunächst versuchten diese Hunde noch, davonzulaufen. Sie wehrten sich. Nach einigen Wochen hatten sie jedoch vollständig resigniert. Sie trotteten täglich in ihren Käfig, holten sich auf dem Boden liegend ihre Stromschläge ab und trotteten nach Beendigung des Versuchs wieder aus dem Käfig. Schon nach kurzer Zeit wurden sie krank und entwickelten Verhaltensauffälligkeiten. Sie bekamen Haarausfall und schliefen unruhig. Sie entwickelten Magengeschwüre, wurden neurotisch und unberechenbar. Ihre Symptome glichen in vieler Hinsicht dem Bild eines depressiven Menschen.

Seligman wollte die Hunde wieder von ihrer „experimentell erzeugten“ Depression heilen. Er gab ihnen nun auch die Möglichkeit, sich mit Tastendruck aus dem Käfig zu befreien. Was passierte? Gar nichts! Die Hunde unternahmen nicht den geringsten Versuch, sich zu befreien. Apathisch wie bisher legten sie sich auf den Boden und holten sich ihre Stromschläge ab.

Da ließ Seligman die Tür zum Käfig offenstehen. Jetzt müßten die Hunde doch begreifen, daß sie den schmerzhaften Stromschlägen entgehen konnten. Weit gefehlt! Die

Hunde kamen, legten sich auf den Boden und holten sich – bei offener Tür (!) – ihre Stromschläge ab. Sie hatten total verlernt, etwas gegen diesen Streß zu unternehmen. Was sie gelernt hatten, war Resignation, Passivität und vor allem Hilflosigkeit in Anbetracht von Streßreizen zu zeigen. Seligman nannte dieses Phänomen treffenderweise „gelernte Hilflosigkeit". Frauen sind hierfür wesentlich anfälliger. Vielleicht, weil sie so erzogen wurden.

Geheilt wurden die Hunde übrigens erst, als Seligman sie wiederholt aus dem Käfig heraustrug. Nur so konnten sie langsam erkennen, daß die Käfigtür offenstand. Ähnlich schwierig erweist sich die Therapie menschlicher Depressionen. Der Therapeut kann hundertmal sagen: „Was willst du eigentlich? Du hast doch alle Möglichkeiten: Du bist schön und intelligent, hast eine gute Berufsausbildung und der Stellenmarkt ist voller Angebote." Die depressive Klientin glaubt ihm anfänglich nicht, traut sich nichts zu und sieht für sich keine Möglichkeiten. Sie muß schrittweise und anhand kleiner Aufgaben wieder erlernen, daß sie fähig ist und ihre Situation verändern kann.

Agieren statt reagieren!

Beate ist Vorstandssekretärin bei einem großen, internationalen Pharmakonzern. Gerade war sie mehrere Wochen lang krankgeschrieben. „Mal wieder", sagen die Kolleginnen spitz. Zum Seminar ist Beate nur widerwillig erschienen. Im Grunde hat der Chef sie dazu verdonnert. „Entweder Sie tun jetzt endlich was, oder ich sehe keine Möglichkeit mehr für eine Zusammenarbeit." Keine gute Voraussetzung für unsere Zusammenarbeit im Seminar! Doch Beate öffnet sich im Laufe des Seminars und erzählt unter Tränen:

„Ich weiß nicht mehr ein noch aus. Mein Chef hat mir

jahrelang alles abverlangt. Jeden Tag war ich schon vor 7 Uhr morgens im Büro, keinen Tag bin ich vor 8 oder 9 Uhr abends nach Hause gekommen. Zuerst hat es mir ja Spaß gemacht. Ich war wichtig, hatte eine Top-Position – klar, daß das Private erst mal hintenansteht. Doch irgendwann wurde mir das alles zuviel. Das eilt, dies ist ganz dringend, haben Sie denn immer noch nicht die Verbindung nach Japan, schreiben Sie sofort an Herrn Sowieso ...' Tag für Tag ging das so, von morgens bis nachts. Und nie ein Wort des Dankes!"

„Haben Sie denn Ihrem Chef nie gesagt, daß Sie so nicht mehr arbeiten wollen?" fragten wir Beate.

„Wo denken Sie denn hin! Eine Vorstandssekretärin muß funktionieren wie am Schnürchen, sonst ist sie fehl am Platz. Das hat mein Chef mehr als einmal deutlich durchblicken lassen. Und früher hatte ich das ja auch geschafft. Ich kam mir selbst wie eine Versagerin vor und fühlte mich immer mickriger. Immer häufiger unterliefen mir Fehler. Ich traute mir weniger und weniger zu, kontrollierte alles dreimal nach – und wurde gar nicht mehr fertig. In dieser Zeit begannen auch meine Schlafstörungen. Ich wachte morgens ganz gerädert auf und hatte das Gefühl, kein Auge zugetan zu haben. Dann habe ich angefangen, mich öfter mal krankzumelden ..."

Um es kurz zu machen: Beate ist heute medikamentenabhängig und depressiv. Ohne Pillen kann sie nicht mehr schlafen. Morgens braucht sie Aufputschmittel, um richtig wach zu werden. Tagsüber hält sie sich mit Antidepressiva halbwegs bei Laune. Bei vier verschiedenen Ärzten („Die wissen natürlich nichts voneinander") holt sie sich ihre Drogen per Rezept.

In Beates Schicksal läßt sich ein gefährlicher Teufelskreis ausmachen. Dieser treibt sie immer tiefer in Überforderung, Streß und Depressionen hinein. Es handelt sich dabei um den Teufelskreis der Passivität.

Der Teufelskreis beginnt damit, daß Beate ihre Arbeitssituation bewertet:

„Meine Situation erscheint mir nur schwer zu bewältigen (Wie soll ich das nur schaffen?). Ich sehe keinen Ausweg und keine Handlungsmöglichkeiten." Die Folge: Resignation, passive Dulderhaltung und wenn möglich Vermeidung (Blaumachen, sich krankschreiben lassen). Dadurch bleibt die Situation natürlich unverändert. Sie hat keine Chance mehr auf positive Erfahrungen (Ich hab's geschafft!) oder Erfolgserlebnisse (Das haben Sie toll hingekriegt!). Was jetzt folgen kann, ist die Flucht in Ersatzbefriedigungen oder in Pharmaka (Mit meinen Tabletten kann ich wenigstens nachts schlafen). Weitere Folgen: Depression, Aggression oder Entwicklung einer körperlichen Erkrankung (siehe hierzu auch Teil I und die Kapitel zur Gesundheit). Das negative Selbstbild (Ich kann nichts, bin nichts, schaffe nichts) wird dadurch noch verstärkt. Und die Situation erscheint noch aussichtsloser ... Ich drehe eine neue Runde im Teufelskreis der Passivität.

Wie ein Seligman'scher Hund so sieht auch Beate keine Möglichkeit, ihrem Alltag zu entgehen. Aber ist die Tür ihres Käfigs wirklich zu? Viel zu oft finden wir Frauen uns mit vermeintlich (!) unabänderlichen Situationen ab. Wir unternehmen keinen Versuch, die Stressoren aktiv anzugehen. Schlechte Arbeitsbedingungen, ein autoritärer Chef, der paschahafte Partner, die unzuverlässige Kinderfrau – all das kostet uns Tag für Tag Kraft. Und wir lassen es zu.

Männer tun sich da offensichtlich leichter. Sie erinnern sich: Die Streßbewältigungsstrategie „Auf Tigerjagd gehen" wird häufiger von Männern angewendet. Sie unternehmen also etwas gegen äußere Stressoren. Uns Frauen liegt dagegen eher die passive Dulderhaltung. Die Tatsache, daß Frauen häufiger depressiv sind als Männer, hängt ganz sicher mit diesen Verhaltensunterschieden zusammen.

In unseren Streßbewältigungsseminaren brechen an dieser Stelle lebhafte Diskussionen aus. Nicht selten werden wir angegriffen: „Sie haben doch keine Ahnung, wie das bei uns ist! Kritik ist ein rotes Tuch in unserer Firma. Da rennt man sich doch nur den Kopf blutig!"

Das ist leider wahr. Rigide Organisationen und ungenießbare Chefs, die meist am längeren Hebel sitzen, gibt es genug. Es handelt sich dabei jedoch um selbstzerstörerische und innerlich kranke Organisationen. In diesen Unternehmen wird der Überbringer schlechter Nachrichten geköpft. Wer sagt, was Sache ist, kann gleich seinen Hut nehmen. Das Ergebnis: Eine Organisationsleitung, umgeben von Hofschranzen, die im vorauseilenden Gehorsam nur das nach oben tragen, was dort gern gehört wird. Die Grundstimmung in solchen Organisationen ist getragen von Mißtrauen, Angst und Intrigen. Nur zum Trost: Diese Firmen werden aus dem gleichen Grund wie die Dinosaurier aussterben: Mangelnde Anpassung an die Umweltbedingungen. In komplexen Zukunftsmärkten ist mit dieser Politik kein Blumentopf mehr zu gewinnen. Doch solange sollten Sie nicht warten!

- Überlegen und entscheiden Sie für sich, ob Sie auf Kosten Ihres Nervenkostüms und Ihrer Lebensfreude in einer solchen Organisation bleiben wollen (Ich muß doch! Ich muß doch! – müssen Sie wirklich?).

- Überlegen Sie, welchen Preis Sie bezahlen. Langfristig möglicherweise in eine Suchtmittelabhängigkeit zu geraten oder arbeitsunfähig zu werden - ist es das, was Sie wollen? Ihr Körper signalisiert Ihnen, daß Sie so nicht ohne Schaden weiterarbeiten können. Gibt es wirklich absolut keinen anderen Arbeitsplatz für Sie, falls - und das haben Sie ja wahrscheinlich bisher noch nicht geprüft - Sie dem Chef die Grenzen abstecken - und dann entlassen werden sollten?

- Der Arbeitsmarkt der neunziger Jahre ist ausgesprochen mitarbeiterfreundlich. Die geburtenschwachen Jahrgänge sorgen für eine Verknappung qualifizierter Fachkräfte in allen Branchen. Werden Sie sich Ihres Wertes als Mitarbeiterin bewußt! Ziehen Sie Bilanz, was Sie an Leistungen und Einsatz bisher an Ihrem Arbeitsplatz bzw. für Ihre Firma erbracht haben.

- Suchen Sie sich soziale Unterstützung außerhalb des Unternehmens. Erzählen Sie Freundinnen und möglichst auch Freunden (wir können in puncto „Tigerjagd" einiges von den Männern lernen!), was bei Ihnen in der Firma abläuft. Vielleicht stärkt Ihnen das den Rücken, an der ein oder anderen Käfigtür zu rütteln. Sie werden feststellen: Nicht alle Türen sind verschlossen!

- „Agieren statt reagieren" lautet die Devise. Je früher Sie Einspruch erheben, desto größer ist die Wahrscheinlichkeit eines Erfolgs.

- Sprechen Sie mit Ihrem Chef darüber, was Sie bereit sind, an Leistungen zu erbringen, und wo es Ihnen zu viel wird. Es muß nicht an Ihnen liegen, daß es Ihnen zu viel wird - ein Chef, der zu hohe Erwartungen hat und sich überhaupt nicht in die Lage seiner Mitarbeiterinnen versetzt, genügt, um selbst der fähigsten und engagiertesten Mitarbeiterin das Leben schwerzumachen.

- Apropos fremde Hilfe: Beate und ihren Leidensgenossinnen nützt kein Streßbewältigungsbuch oder –seminar mehr. Sie brauchen psychotherapeutische Hilfe.

10.
Die weibliche Sozialisation
Sei schön brav!

„Es schneit und es friert und es weht ein kalter Wind. Die Mädchen ziehen Handschuh an und die Buben laufen geschwind."

Diesen alten Kinderreim haben wir in einem Buch für Kleinkinder entdeckt. Die Mädchen stehen wie die Schafe bewegungslos in der Kälte, während die Buben im Hintergrund eine lustige Schneeballschlacht machen.

Schon früh setzt die unterschwellige Formung von Jungen und Mädchen in Richtung „gute Frau", „ganzer Kerl" ein. Müttern wurde in einem Experiment auf Tonband aufgezeichnetes Babygeschrei vorgespielt. Glaubten die Versuchspersonen, es sei ein Junge, der da brüllt, deuteten sie das Geschrei als Wut. Wurde ihnen dagegen gesagt, daß das Baby ein Mädchen sei, tippten sie auf Angst. Wohlgemerkt: Das Geschrei stammte immer von dem gleichen Kind! Andere Untersuchungen des Max–Planck–Instituts in München belegen, daß Mütter zehnjähriger Kinder die Intelligenz ihrer Söhne systematisch überschätzen, die ihrer Töchter dagegen unterschätzen. Dafür überschätzen die Mütter die emotionale Stabilität ihrer Töchter, nach dem Motto: Die ist so ausgeglichen, ruhig und pflegeleicht (Mit anderen Worten: reagiert auf Streß passiv). Die hat bestimmt keine Probleme. Auf offen aggressives, lautes oder auftrumpfendes Verhalten kleiner Mädchen reagiert die Umwelt deutlich negativer als auf das der Jungen. Kein Wunder, daß man zahm und kleinlaut wird, auch wenn ein Unrecht geschieht. Kein Wunder, daß man verlernt, unangenehme, stressige Situationen aktiv anzugehen, statt sich irgendwie zu arrangieren.

Mit dem Beginn der Pubertät wird die geschlechtsspezifische Erziehung offensichtlich. Die amerikanische Autorin Emely Hancock beschreibt dies so: „Im Alter von etwa 11 Jahren ist ein Einschnitt in sehr vielen Frauenleben zu beobachten. Mit neun besitzen die meisten Mädchen noch einen ziemlich großen Handlungsspielraum. Kurz vor der Geschlechtsreife beginnt die Umwelt jedoch diese Freiheiten einzuschränken. Das Mädchen wird auf seine zukünftige Frauenrolle zurechtgestutzt. Bereits besessene Freiheiten (z.B. allein mit der Freundin eine Radtour machen) und Fertigkeiten (etwas basteln, auf einen Baum klettern) sind plötzlich sozial unerwünscht – und werden verlernt. Im Falle einer Fahrradpanne behebt man diese nicht mehr selbst, sondern hofft, attraktiv und hilflos genug auszusehen, um einen männlichen Retter anzulocken."

Damit ändert sich die Basis des Selbstbewußtseins. Selbständig sein, klug sein, sich zu helfen wissen – all dies wird nebensächlich. Einzig wichtig ist: Sehe ich gut aus, komme ich bei Männern an? Wehe dem häßlichen Entlein! Es kann noch so nett und klug sein – links und rechts überholen es langbeinige, hübsche Schwäne. Die Basis weiblichen Selbstbewußtseins wird in der Pubertät endgültig auf „weibliche Attraktivität" gepolt. Sich davon freizumachen, fällt auch beruflich erfolgreichen Frauen sehr, sehr schwer. Dies belegt eine Fallbeispiel aus einem unserer Führungsseminare für Frauen.

Silke ist eine sehr attraktive Frau von Mitte dreißig. Sie leitet die Vertriebsabteilung einer großen ausländischen

Computerfirma. Im Seminar wirkt sie sehr ruhig und sympathisch. Sie sagt selten etwas, aber wenn sie es tut, hören alle hin.

„Ausgesprochen unsicher und gestreßt werde ich dann, wenn männliche Gesprächs- und Verhandlungspartner mich auf mein äußeres Erscheinungsbild ansprechen. Nach dem Motto: So eine hübsche junge Dame wie sie wird sicher eine angenehme Gesprächspartnerin sein! Meist lächle ich dann nur, aber eigentlich bin ich verunsichert und ärgerlich. Ich gebe zu, daß mir mein Aussehen sehr wichtig ist. Mit ungewaschenen Haaren und unvorteilhaften Klamotten würde ich mich lange nicht so gut verkaufen. Trotzdem fühle ich mich entmündigt, wenn man mich auf mein Aussehen oder ‚Frau sein' reduziert!"

Damit wird Silke, wie sie selbst zugibt, angreifbar für jedermann. Sie wird zum Spielball äußerlicher Formschwankungen. Ein dicker Pickel auf der Nase und der Verhandlungserfolg ist dahin! Wissenschaftliche Studien belegen, daß es schöne Menschen leichter im Leben und auch im Beruf haben. Eine gewisse Eitelkeit ist also durchaus angebracht, darin sind sich meist alle Teilnehmerinnen unserer Seminare einig. Wissenschaftliche Studien belegen aber auch, daß sehr weiblichen Frauen im Berufsleben weniger zugetraut wird! Sie erhalten eindeutig weniger Verantwortung. Das begünstigt die Entwicklung von Depression und gelernter Hilflosigkeit.

Silke macht sich (unnötigerweise!) zur Sklavin eines weiblichen Ideals – offenbar so sehr, daß sie dauernd darauf angesprochen wird. Daß dabei etwas faul ist, merkt sie selbst: Wer hübsch und weiblich ist, der ist auch lieb – nicht wahr? Der geschickte Gesprächspartner aus Silkes Geschichte erinnert sie daran und machte es ihr schwer, ihm später in der Verhandlung hart Paroli zu bieten: „Was

– ich dachte, ich habe eine sympathische junge Frau als Gesprächspartnerin – und jetzt entpuppt sie sich plötzlich als knallhartes Schlitzohr! Da bin ich aber enttäuscht!" Silke ist so entwaffnet, daß sie trotz innerem Ärger nur lächelt, wenn ihr Gegenüber sie zum Modepüppchen degradiert. Und wie wird es Silke ergehen, wenn ihre Attraktivität im Alter nachläßt? Wird ihr Selbstbewußtsein zusammenschrumpfen wie ein angepikter Luftballon? Trotz ihrer Kompetenz und sachlichen Überzeugungskraft setzt Silke ausgerechnet auf ihr unzuverlässigstes Pferd, ihre Attraktivität.

Die Idealrolle der „typischen" Frau (hübsch/attraktiv, jugendlich, mütterlich etc.) ist eindeutig an ein bestimmtes, nicht allzuhohes Lebensalter geknüpft. Die männliche „Traumrolle" (tüchtig, gescheit, vertrauenserweckend ...) dagegen ist relativ altersunabhängig. Das Bild der älteren Frau ist in unserer Gesellschaft sogar eindeutig negativ besetzt(7). Ganz besonders gilt das für unverheiratete ältere Frauen („alte Jungfer"). Sich der typischen weiblichen Rolle zu verschreiben, auf Attraktivität als Selbstbewußtseinsbasis zu setzen, ist also eine höchst gefährliche Strategie. Denn eins ist sicher: Älter werden wir alle!

Doch zurück zur weiblichen Sozialisation. In der Pubertät wird noch ein zweites Prinzip an junge Mädchen vermittelt. Man könnte es umschreiben mit dem Satz: „Die Welt steht dir offen – aber nicht ganz". Gemeint ist eine verhängnisvolle Doppelbotschaft, die selbst aufgeklärte Eltern an ihre Töchter weitergeben. Botschaft Nummer Eins: „Werde selbständig! Lern was, dann bist du was." Frauen sollen selbstverständlich einen Beruf erlernen, studieren, Karriere machen. Botschaft Nummer Zwei wird weitaus subtiler vermittelt. Während Jungen schon im Pubertätsalter viele Freiheiten besitzen, werden Mädchen auch heute noch an der kürzeren Leine gehalten. Trotz Pille, angeblich größerer Vernunft und früherer Reife wird einem Mädchen weniger zugetraut. Wenn es sich das Recht auf eine schummerige Party im Nachbarort erquengelt hat, sitzen die Eltern aufrecht und schweißgebadet im Bett. Die Heimkehrende wird mit den Worten „Gott sei Dank, bist du da!“ begrüßt. Die Botschaft, die in diesem (zugegebenermaßen überspitzten) Beispiel vermittelt wird, lautet: „Wir trauen dir keine Selbständigkeit zu!“

Die bekannten Autorinnen Schlaffer und Benard (Buchtitel: „Rückwärts und auf Stöckelschuhen“) haben dieses Phänomen sehr anschaulich beschrieben. Sie sehen darin einen Hauptgrund für die berufliche „Zurückhaltung“ von Frauen. Trotz hervorragender Ausbildung wagen viele niemals den Schritt ins Management. Frauen sind nur zu oft dem männlichen Kollegen unterlegen, der ganz selbstverständlich behauptet „Na klar traue ich mir das zu!“

Welche Streß–Folgen hat nun die weibliche Sozialisation? Wie wirkt es sich aus, wenn wir als berufstätige, engagierte Frauen immer noch versuchen, auch eine „richtige Frau“ zu sein? Wenn wir so friedfertig und brav, nett und lieb sind, wie wir es gelernt haben? In der folgenden Tabelle haben wir diese Zusammenhänge für Sie aufgelistet.

Konsequenzen des klassisch weiblichen Verhaltens

klassische Verhaltenserwar- an die Frau:	**Umsetzung/ Verhalten:**	**langfristige Wirkung**
friedfertig, weich zurückhaltend	nicht „nein" sagen können, Fehler von Mitarbeitern durchgehen lassen	Autoritätsverlust als Chefin; unfähig, Mitarbeiter produzieren auch künftig Fehler
sozial kooperativ	sich für Probleme anderer verantwortlich fühlen, sich ausnutzen lassen (auch finanziell)	unselbständige Mitarbeiter/Ehemänner kosten Nerven und Zeit, zu niedrige Bezahlung verärgert
attraktiv	Anpassung an Schönheitsideal (kostet Zeit, Geld und oft Gesundheit	Verlust der Attraktivität wird im Alter schwer verkraftet
familienorientiert, mütterlich	Versuch beides zu verwirklichen	aufreibende Doppelbelastung zwischen Familie und Beruf oder Selbstzweifel bei Entscheidung gegen Familie und Kinder
passiv	bei Streß wird der Fehler in der Person, nicht in der Situation gesucht	Umwelt ändert sich nicht, Stressoren wirken weiter: Gefühl der Hilflosigkeit; Depression

Fragebogen 4:
Ihre Erziehung und Sozialisation

Streß fällt nicht vom Himmel! Welche Streßsituationen wir erleben und wie wir auf Streß reagieren, das hat sehr viel mit unserer Erziehung zu tun. Welche Botschaften (z. B. in Richtung „typisch weiblich“) haben Sie in Ihrer Kindheit erhalten? Wie wirken sich diese noch heute auf Ihr (Streß)verhalten aus?

Dieser Fragebogen ist zur Selbsterfahrung und Selbstreflektion gedacht. Bitte nehmen Sie sich hierfür eine „Mußestunde“, in der Sie die Ruhe und Bereitschaft haben, in sich zu gehen.

1. Worauf war meine Erziehung ausgerichtet? (z. B. brav sein)

....

....

2. Welche Verhaltensnormen wurden von mir erwartet? (z. B. „Ein Mädchen tut das nicht“)

....

....

3. Welchen Einfluß hat ein dominantes Familienmitglied noch heute auf mich? Ist das ein Mann oder eine Frau?

....

....

4. Welche Familiensprüche habe ich verinnerlicht, beeinflussen mich noch heute (z. B. „Was auf den Tisch kommt ...“)?

....

....

5. Welches Verhalten hat mein „Überleben“ gesichert? (z.B. Zuwendung, Anerkennung)?

....

....

6. Erlebe ich manche meiner Verhaltensweisen als regelrechten „Wiederholungszwang“? Welche?

....

....

7. Wofür wurde ich in meiner Kindheit als braves Mädchen gelobt?

....

....

8. Wofür wurde ich getadelt?

....

....

9. Tue ich noch heute Dinge, die von mir in der Kindheit verlangt wurden?

....

....

10. Wie durfte ich in der Kindheit meinen Ärger zeigen?

....

....

11. Was war der wichtigste Grundsatz meines Vaters/ meiner Mutter in bezug auf meine berufliche Tätigkeit?

....

....

12. Wie reagierte Vater/Mutter, wenn ich ärgerlich war?

....

....

Wenn Sie sich der Botschaften und Regeln Ihrer Eltern und Bezugspersonen bewußt geworden sind, können Sie prüfen, ob diese Regeln heute noch Ihrer Position entsprechen und zu Ihrem Leben passen.

11.
Edel sei die Frau, hilfreich und gut

Kennen Sie das? Irgend jemand am Tisch fragt „Ist noch Kaffee da?" und schon sind Sie dienstfertig aufgesprungen „Ich hol' gleich welchen!" Oder – noch extremer – eine Kollegin erzählt Ihnen, sie habe ein schlimmes Wochenende vor sich. Sie wolle ihre Wohnung streichen. Sie wissen zwar selbst nicht genau, wie es passieren konnte, aber Sie verbringen das ganze Wochenende (bei schönstem Sonnenschein) mit der Kollegin zwischen Farbkübeln und helfen beim Streichen. Diese Fürsorge beschränkt sich keineswegs nur auf Ihren nächsten, engsten und erlesensten Freundeskreis – oh nein. Der ganze Kosmos lästiger, hilfsbedürftiger Gestalten fühlt sich bei Ihnen wie im Selbstbedienungsladen. Es scheint, als seien Sie die einzige, die hilfsbereit oder naiv genug ist, den Kampf gegen das Elend der Welt anzutreten.

Das könnte Ihnen nie passieren? Umso besser, dann blättern Sie gleich zum nächsten Kapitel weiter. Vielen Frauen allerdings sind diese Situationen nur allzu vertraut:

- Überstunden im Büro bleiben immer an Ihnen hängen, denn Herr Müller darf den Zug nach Augsburg nicht verpassen, Frau Bunges Kinderfrau geht um Punkt vier und schließlich kann man die Chefin ja nicht hängenlassen in diesen schweren Zeiten!

- Mehr oder weniger gute Freundinnen dürfen sich hemmungslos, nächtelang (und bis zum Erbrechen langweilig) bei Ihnen ausheulen. Wenn sie wieder Aufwind haben, lassen sie dafür monatelang nichts mehr von sich hören.

- Wunderliche alte Tanten und Pflegefälle in der Familie landen immer bei Ihnen. Eine Verkettung unglückseliger Umstände? Nein, Sie sind die einzige, die sich wirklich zuständig fühlt!

- Epileptiker schleppen sich im Supermarkt mit letzter Kraft zu Ihnen, bevor sie ihren Anfall bekommen. Penner („Ham Sie mal 'ne Mark für mich?") finden Sie mit schlafwandlerischer Sicherheit – und wenn Sie sich noch so sehr zwischen den anderen Passanten zu verstecken suchen.

- Sie sind die einzige, die sich gelegentlich des rachitischen Gummibaums am Ende des Ganges erbarmt und ihm Wasser und Dünger gibt. Dabei hassen Sie Gummibäume!

- Nüchtern betrachtet besteht Ihr Freundeskreis mindestens zur Hälfte aus angeschlagenen, unglückseligen Gestalten und gestrandeten Existenzen, deren hervorstechendste Fähigkeit darin besteht, Ihnen ein schlechtes Gewissen zu machen („Ich muß mich endlich wieder nach Tante Helgas Bein erkundigen!").

Natürlich ist man, wenn all dies zutrifft, ein guter Mensch! Und das ist ehrlich nur zur Hälfte ironisch gemeint. Ohne Menschen, die sich nicht nur egoistisch um ihren eigenen Kram kümmern, wäre die Welt ärmer.

ABER...

... dies ist ein Buch über Streßbewältigung und deshalb muß auch edles und selbstloses Verhalten kritisch unter die Lupe genommen werden. Uneigennützigkeit ist – wie das Wort ja schon andeutet – vor allem gut für andere. Wird es zum Lebensprinzip erhoben, bleiben die eigenen Bedürfnisse, Gefühle und Kräfte notgedrungen auf der Strecke. Schließlich ist unsere Zeit sehr begrenzt.

Zyniker behaupten, es gäbe keine angeborene Uneigennützigkeit, außer der Uneigennützigkeit der Gene. Das würde bedeuten, daß ehrliche Hilfsbereitschaft und uneigennütziges Handeln nur gegenüber den nächsten Verwandten (insbesondere den eigenen Kindern) existiert. Alles andere diente in Wirklichkeit anderen – meist unbewußten – Motiven. Welche Motive könnten das sein, die einer, wohlgemerkt überzogenen, Uneigennützigkeit zugrunde liegen?

Das „Bitte – hab – mich – lieb – Motiv"

Man hilft jedem, der gerade etwas von einem will. Und zwar deshalb, weil man immer und unbedingt gemocht werden will. Man buhlt um die Liebe der Umwelt, weil man glaubt, sonst nichts zu bekommen. Aber ist es nicht ungerecht. Die Rabenschwester, die sich nie um die alte Mutter kümmert, wird trotzdem bevorzugt. Der egoistische Kollege, der sich mit spitzen Ellenbogen durchboxt, überholt einen auf der Karriereleiter mit links. Irgend etwas scheint an der Rechnung „Menschlicher Einsatz wird belohnt" nicht aufzugehen.

Das „Mutter–Theresa–Motiv"

Dabei geht es weniger um die anderen als um das eigene Selbstbild. „Ich bin ein guter Mensch!" kann man zu sich selbst sagen, wenn man sich übermüdet und zerrupft nach dem Umzugswochenende bei entfernten Bekannten nach Hause schleppt. Ich bin zwar völlig erledigt – aber ich bin gut! Der Körper belohnt diese Erkenntnis mit einem wohligen Gefühl, hervorgerufen durch eine Extraportion Endorphine (körpereigene Opiatstoffe), die im Gehirn wie Sekt wirken. Unser Tip: Trinken Sie das Glas Sekt lieber ab und zu auf der Terrasse eines Seerestaurants mit einem knackigen Lover!

Das „unbewußte Kümmerer–Motiv"

Ich bin hilfsbereit und stelle die Bedürfnisse anderer vor die eigenen, weil ich nicht anders kann. Es passiert sozusagen von allein. Ich weiß, was den anderen fehlt, was sie brauchen und von mir erwarten. Was ich selbst brauche, das erkenne ich dagegen sehr viel schwerer. Oder erst zu spät. Zum Beispiel wenn ich bereits zugesagt habe, die Kollegin in der Abendkonferenz zu vertreten, und mich darüber ärgere. Gemeint ist ein Teil typisch weiblichen Rollenverhaltens, den wir von klein auf gelernt und völlig verinnerlicht haben: die Gabe, Bedürfnisse anderer zu erkennen.

Als Goldmarie an den Apfelbaum kommt, beginnt das (sonst eher wortkarge) Obst zu schreien: „Schüttle uns herunter, damit wir nicht verfaulen!" Ähnlich verhält sich das Brot im Ofen und eigentlich jeder, der mit Goldmarie in Berührung kommt: Alle stoßen Appelle aus, die sich direkt an das weiche Herz des jungen Mädchens richten „Hilf Du mir, sonst tut es keiner!"

Inge arbeitet als Sekretärin in einem Pharmaunternehmen. Sie klagt über häufige Überstunden, Überlastung und Streß. Berufliche Probleme verfolgen Inge bis ins Privatleben. Ständig redet sie mit ihrem Mann darüber (dem das mittlerweile ziemlich auf die Nerven geht).

„Es scheint, als ob ich für die Probleme aller anderen zuständig bin! Jeder kommt mit allem zu mir. Am schlimmsten ist seit einiger Zeit mein Kollege. Er erzählt mir jeden Abend haarklein alles, was er tagsüber erlebt hat. Sogar seine Privatprobleme! Manche Geschichten hab ich nun schon x-mal gehört und fühle mich zu Tode gelangweilt, wenn er wieder damit anfängt. Außerdem hat er die unangenehme Angewohnheit, immer dann aufzutauchen, wenn ich gerade nach Hause will. Hat er dann eine Stunde lang seinen ganzen Kummer bei mir abgeladen, schaut er auf die Uhr und sagt: ‚Mein Gott, jetzt muß ich aber wirklich nach Hause'. Als ob ich ihn davon abgehalten hätte! Wie ein begossener Pudel sitze ich da, während er frohgemut und offensichtlich erleichtert von dannen zieht."

„Problem–Adoption" nennen wir dieses Verhalten. Man macht sich die Probleme anderer Leute zu eigen – als ob man selbst nicht genug hätte! Aber man spürt halt so genau, wie es anderen gerade geht. Dem kann man sich nur schwer verschließen. Woher es kommt, daß manche Frauen ständig auf dem Sprung zur Hilfsbereitschaft sind, schauen wir uns jetzt an.

Das unglückselige Appellohr

Wie kann es geschehen, daß Frauen selbst stumme Bitten („Schüttle mich, schüttle mich!" hört Goldmarie beim Anblick des Apfelbaums) noch wahrnehmen und als Handlungsaufforderung betrachten?

Der Kommunikationswissenschaftler Schulz von Thun unterscheidet verschiedene Aspekte, unter denen man fast jeden gesprochenen Satz betrachten kann (siehe hierzu: Die vier Botschaften). Männer und Frauen nehmen tendenziell unterschiedliche Botschaften wahr, wenn gesprochen wird. Was würden Sie z.B. heraushören, wenn Ihre Kollegin seufzend sagt: „Mensch, jetzt ist es schon kurz vor sechs und ich werd' und werd' nicht fertig!"?

Haben Sie gemerkt, wie entnervt und müde die Kollegin offenbar ist? Haben Sie vielleicht sogar die leise Bitte herausgehört, Sie mögen ihr doch schnell noch etwas abnehmen? Kennen Sie das unbehagliche Gefühl, in einer Zwickmühle zu stecken: Eigentlich wollte ich ja heim – andererseits müßte ich doch ...? Wenn Sie die drei Fragen mit „ja" beantwortet haben, dann hören auch Sie (typisch weiblich!) vor allem den Selbstoffenbarungsaspekt („Ich bin müde, entnervt, überfordert") und den Appellaspekt („Hilf' mir bitte") einer Nachricht heraus. Bei uns Frauen ist nämlich vor allem das „Appellohr" überentwickelt. Wir hören Appelle selbst da, wo gar keine sind!

Achten Sie einmal darauf, wie häufig Sie etwas Harmloses sagen, und eine Frau sich darauf zu entschuldigen beginnt.

Die vier Botschaften des Sprechens oder was ist eigentlich Kommunikation?

Der Grundvorgang der Kommunikation ist eigentlich ganz einfach: Da gibt es einen Sender, der spricht, und einen Empfänger, der – hoffentlich (!) – zuhört. Was gesagt wird, das nennt man die Nachricht. Das Problem dabei ist, daß jede Nachricht, jeder noch so kurze Satz, vier verschiedene Botschaften enthält. Schauen wir uns diese vier Botschaften anhand des Satzes „Mensch, jetzt ist es schon sechs und ich werd' und werd' nicht fertig!" an.

1. Sachinhalt: Worüber ich informiere.
„Es ist spät und ich bin nicht fertig."

2. Selbstoffenbarung: Was ich von mir selbst kundgebe.
„Ich bin müde, entnervt und überfordert!"

3. Beziehung: Was ich vom anderen halte.
„Du bist doch kompentent/hast doch Zeit/bist doch meine Kollegin."

4. Appell: Wozu ich den anderen veranlassen möchte.
„Hilf mir bitte!"

Keine von uns hat vier Ohren, um diese vier Botschaften immer aus den Worten anderer herauszuhören. Wer wundert sich da über die vielen Mißverständnisse in der zwischenmenschlichen Kommunikation („Aber das habe ich doch gar nicht so gemeint!")?

Sie erzählen Ihrer Mutter, Tochter oder Freundin, Sie wären heute einfach zu geschafft, um noch etwas zu kochen. „Das tut mir jetzt leid, aber wir haben gerade alles aufgegessen!" lautet die Antwort. Ihre Aussage war, daß Sie müde sind und nicht mehr kochen wollen. Die Gesprächspartnerin reagierte, als hätten Sie direkt gesagt: „Bitte gib mir etwas zu essen!" Sie entschuldigt sich dafür, daß sie Ihnen das (vermeintliche) Problem nicht abnimmt. Ganz schön mühsam kann so eine Unterhaltung werden: „Nein, nein, das wäre ja noch schöner, daß du für mich kochst!" „Ich hätte es aber gerne getan, wirklich! Nur ausgerechnet heute ... bla, bla, bla!" Für beide Seiten kann dieses indirekte Kommunizieren und Rätselraten um vermeintliche Appelle schnell in Streß ausarten. Egal, ob ich später kochen oder aus Höflichkeit mitessen muß.

Überentwickelte Einfühlsamkeit und ständiges Lauern auf dem Appellsprung ist bei Männern seltener anzutreffen. Vielleicht spielen dabei sogar auch die Gene mit eine Rolle. Schon kleine Jungen können deutlich schlechter als kleine Mädchen die Gemütszustände von Testpersonen auf Fotos unterscheiden. Die Kollegin mit dem vollen Schreibtisch hätte auf ihre Äußerung „Mensch, jetzt ist es schon kurz vor sechs und ich werd' und werd' nicht fertig!" von ihrem Kollegen wahrscheinlich ein aufmunterndes „Na, dann mal ran!" zu hören bekommen. Männer hören nämlich vor allem den Sachaspekt einer Botschaft und der lautet hier: „Es ist spät und ich bin nicht fertig." Nicht mehr und nicht weniger!

Kein Wunder also, daß Frauen und Männer häufig aneinander vorbeireden.

Frau sagt: „Nie hast Du Zeit!"
Mann antwortet: „Das ist sachlich nicht richtig. Letzten Montag beispielsweise ...".

Sie denkt: „So ein Idiot, der will einfach nicht verstehen, daß ich einsam bin!"
Er denkt: „Was greift mich die Zicke schon wieder so unsachlich an!"

Beide fühlen sich unwohl, beide sind genervt und gestreßt.

Das „unglückselige Appellohr" wirkt sich für berufstätige Frauen doppelt negativ aus:

1. Wer ständig Appelle hört, erfüllt unnötig viele Aufträge und leistet Samariterdienste. Das kostet Zeit und Kraft. Ganz zu schweigen von dem Adrenalin, das ich aus Ärger über mich selbst („Bin ich denn von allen guten Geistern verlassen, daß ich noch immer arbeite ...") oder die böse, undankbare Welt („... während die anderen sich amüsieren!") ausschütten muß.

2. Sachliche Fragen von Männern („Haben Sie schon Erfahrung auf diesem Gebiet?“ werden umgedeutet. Sie sind plötzlich ein bedrohliches Anzeichen dafür, daß Mann ihnen den Job nicht zutraut. Sie werden als Aufforderung (miß)verstanden, das Gegenteil zu beweisen. Die Folge: lange, haspelige Rechtfertigungstiraden, die nun erst den Verdacht aufkommen lassen, daß Sie nicht kompetent sind. Dabei hätte ein schlichtes „ja“ oder „nein“ (eventuell mit dem Zusatz – aber ich trau' es mir trotzdem zu) vollkommen genügt.

Vorsicht: Gerade wenn es hektisch und stressig wird, bekommt die gesamte Umwelt subjektiv einen erhöhten Appellcharakter. „Tröste mich! Tröste mich!“ signalisiert die Freundin. „Gieß' mich, gieß' mich!“ ruft der Gummibaum. Alle Bitten und Appelle werden als Aufträge verstanden. Auf die Idee, einfach „Nein!“ zu sagen, kommt nur eine Pechmarie. Und die wollte man schon als Kind nicht sein.

Nein-Sagen tut gut!

In unseren Seminaren führen wir eine Übung zum Ja– und Neinsagen durch. Die Teilnehmerinnen berichten im Anschluß fast immer, das „Nein -Sagen“ sei überraschend angenehm gewesen. Das läßt sich leicht erklären: Viel zu oft sagen wir im Alltag „ja“ und meinen eigentlich „nein“. Im spielerischen Kontext unserer Übung wird das „Nein“ von der Last möglicher Folgen entladen. Auf einmal merkt man, wie leicht all die ungesagten „Neins“ sprudeln. Wieviele unangenehme Erinnerungen kommen dagegen beim „ja“ hoch! „Ja natürlich, Chef, ich werde mich darum kümmern!“; „Ja, ja Kinder, gleich komme ich!“; „Ja, sicher – ich schaff' das schon, Papa!“

Fallbeispiel: Susanne

„Ich habe das Gefühl, von meiner Umwelt aufgefressen zu werden!" So beschreibt Susanne das Bild („Meine Arbeitssituation"), das sie im Seminar gemalt hat. Sie selbst sitzt klein und grün in der untersten Ecke des Blattes. Wilde, bunte Pfeile stürmen auf sie ein. Riesige Strichmännchen tanzen um sie herum. „Aber ich muß heute noch unbedingt ... ich will sofort einen Termin ... Ich kann auf keinen Fall warten" steht in den Sprechblasen.

Susanne ist Frauenärztin und führt seit drei Jahren eine eigene Praxis. „Meine Patientinnen halten sich an keine Termine. Noch um acht Uhr abends stehen sie auf der Matte und ich kann einfach nicht nein sagen. Komme ich selbst aber mal etwas in Zeitverzug, höre ich garantiert ein spitzes „Es ist 9 Uhr und fünf Minuten, Frau Doktor". Obwohl ich von morgens bis abends schufte, ist meine Praxis alles andere als rentabel. Viel zu viel Zeit geht mit den tausend Extrawünschen meiner Patientinnen verloren ... Nachts sortiere ich dann noch die Krankenscheine ein. Meine Helferin hat einen neuen Freund und will fast jeden Tag aus einem anderen Grund früher nach Hause gehen. Irgendwie verstehe ich ja, daß sie frisch verliebt ist und andere Dinge als Bürokram im Kopf hat."

Merke: Die Fähigkeit, Bedürfnisse anderer einfühlsam zu erkennen, ist an sich nichts Schlechtes. Die Unfähigkeit, diese Bedürfnisse unbefriedigt zu lassen, also innerlich oder tatsächlich „nein" zu sagen, ist es sehr wohl!

Sie merken, wir nehmen hier eine ganz klare Wertung vor. Grundlage der Bewertung ist das Kriterium „Streß". Nüchtern betrachtet ist unsere Einfühlsamkeit nicht von Nachteil – im Gegenteil. Es kann sogar ein strategischer Vorteil sein, die Erwartungshaltung des Gegenübers zu erspüren. Nicht von ungefähr sind Frauen im Verkauf, im Personalbereich und auch in helfenden Berufen so erfolgreich. Ja, sogar im Management sind zunehmend „weibliche Stärken“ gefragt. Sie liegen in der Mitarbeitermotivierung, in der Teamfähigkeit, im geringeren Statusdünkel. Diese „Führungsstrategien der Zukunft“ legen Wert auf die weiblichen Qualitäten der Einfühlsamkeit und Art, wie Frauen mit Menschen umgehen. Allerdings darf man auf die erspürten Bedürfnisse des Gesprächspartners nicht wie ein Automat mit einer Dienstleistung reagieren! Setzen Sie sich über Appelle der Umwelt auch mal ganz bewußt hinweg!

Sie haben nur ein bestimmtes Zeit- und Kraftreservoir zur Verfügung. Jeder Auftrag, den Sie übernehmen, kostet Sie Zeit und Energie. Solange Sie von beidem genügend haben, können Sie es sich leisten, sehr einfühlsam und hilfsbereit zu sein. Neigen sich Ihre Zeit- und Kraftressourcen dem Ende zu, müssen Sie lernen, nein zu sagen. Keiner hat etwas davon, wenn Sie immer gereizter und zähneknirschender hilfsbereit sind und schließlich ganz zusammenbrechen. Lieber rechtzeitig „nein“ sagen und dann wieder aus vollem Herzen „ja“, wenn Sie wirklich die Kraft und die Lust zum Helfen haben.

Merke: Das kleine Wörtchen „nein“ ist das zeitsparendste und streßreduzierendste Wort der deutschen Sprache!

Erstaunlicherweise treten die befürchteten negativen Folgen auf ein klares „Nein“ nur in den seltensten Fällen ein. Der Chef feuert Sie nicht. Die Mutter spricht trotzdem noch mit Ihnen. Die Patientinnen (Fallbeispiel Susanne) laufen nicht scharenweise zu anderen Praxen. Auch der Partner läßt sich wider Erwarten nicht Hals über Kopf scheiden. Im Gegenteil! Menschen, die sich abgrenzen können, begegnet man in der Regel mit Achtung und Rücksicht. Wer sich dagegen jederzeit und von jedem zum Fußabstreifer machen läßt, wird auch so behandelt. Goldmarie wartet vergeblich auf ihren Lohn!

Es ist in Ordnung, die Botschaft, daß es dem anderen schlecht geht, zu hören. Dann gibt es jedoch viele Entscheidungsalternativen.

Fragebogen 5:

1. Wer appelliert vermeintlich oder tatsächlich an mich und erwartet meinen Einsatz?

....

....

2. Welche dieser Personen stehen mir wirklich nahe und sind mir wichtig?

....

....

3. Welche Appelle erfülle ich gerne?

....

....

4. Welche dagegen eher zähneknirschend?

....

....

5. Was würde passieren, wenn ich die Appelle unter Punkt 4 in Zukunft ignoriere?

....

....

Ist das wirklich so schlimm? Besteht die Gefahr, daß Sie einen Menschen, der Ihnen wirklich wichtig ist, verlieren? Oder ist es nicht eher so, daß Sie ganz gut damit leben können, daß die Kollegin XY Sie nicht mehr dauernd ins Vertrauen zieht. Mancher „Verlust“ stellt sich sehr bald als echte Befreiung heraus! Und wer uns (und nicht „irgend jemanden zum Quatschen“) wirklich braucht/schätzt/mag, läßt sich ohnehin nicht so leicht abschrecken.

12.
TYP A WIE ADRENALIN

Fallbeispiel Renate

Renate ist 42, erfolgreiche Top–Managerin – und hat vor sechs Monaten ihren ersten Herzinfarkt erlitten. Seither steht sie unter ärztlicher Überwachung. „Wir tun alles für Sie, was in unseren Möglichkeiten steht. Aber Sie müssen Ihren Lebensstil ändern", hat man ihr im Krankenhaus gesagt. Also hat sich Renate zu unserem Streßseminar angemeldet, um „möglichst schnell und effizient die wichtigsten Entspannungstechniken zu erlernen", wie sie auf dem Kennenlernbogen bei der Frage nach den Seminarerwartungen schreibt. Mit einer Mischung aus Bewunderung und Kopfschütteln hört sich die Gruppe an, wie Renate wurde, was sie ist.

> *„Ich war schon in der Schule sehr ehrgeizig und immer Klassenbeste. Wenn ich eine ‚1' hatte, durfte ich so lange aufbleiben, bis mein Vater nach Hause kam, und ihm die Erfolgsnachricht persönlich überbringen. Das war so ziemlich die einzige Möglichkeit, ihn überhaupt zu Gesicht zu bekommen! Ich glaube, mein Vater hätte gerne einen Sohn gehabt, der in seine Fußstapfen treten könnte. Aber nun war ich leider ein Mädchen geworden und bekam von klein auf zu hören: ‚Wenn Du es zu etwas bringen willst, mußt Du doppelt so gut sein wie die Jungs/Männer!' Und das war ich dann auch. Ich zog ein*

Dreifach–Studium durch: Jura, Betriebswirtschaft und Sprachen. Anschließend Doktorarbeit, Traineeprogramm bei einer Versicherung, erste Abteilungsleiterstelle mit 29 Jahren, Leitung der Auslandsstelle mit 32 – es ging eigentlich immer steil bergauf. Nach meiner Scheidung mit 35 habe ich mich noch mehr in die Arbeit gestürzt. Partnerschaft und Familie, das ist für mich heute kein Thema mehr. Ich würde nie wegen eines Mannes zurückstecken, das weiß ich genau. Ich finde meinen Beruf einfach zu faszinierend: Im letzten Monat war ich auf drei verschiedenen Kontinenten unterwegs, ich bin beim Bundespräsidenten zum Empfang eingeladen, gerade macht ein Fernsehjournalist ein Portrait über mich. Daß ich jeden Tag um sechs Uhr früh aufstehe und selten vor zehn Uhr nachts nach Hause komme – na und! Natürlich bleibt mir kaum mehr Zeit für Freundinnen und Bekannte, aber man kann schließlich nicht alles haben. Und ich erlebe soviel! Wenn da nur nicht mein Herzinfarkt wäre ...“

Renate gehört zu den Menschen, die unter Streß aufblühen. Für sie ist Arbeit ein Aufputschmittel und Adrenalin wirkt wie Sekt im Kopf. Die Gefahr: Diese Menschen benutzen Streß als Droge und können gar nicht mehr normal (d. h. mit Muße und Regenerationsphasen) leben. Das wäre ja viel zu langweilig! Da tut sich ja überhaupt nichts mehr! Solche Menschen werden geradezu unruhig, wenn sie mal keinen Termin haben. Sie haben total verlernt (oder nie gelernt), daß man auch mit gutem Gewissen mal nichts tun kann.

Der Verschleiß ist bei dieser Lebensart zwangsläufig sehr groß. Außerdem prädestiniert einen diese Mischung aus übersteigertem Leistungstrieb, Ehrgeiz, Rivalität, Ungeduld und ständigem Zeitdruck geradezu für einen Herzinfarkt. Die amerikanischen Kardiologen Friedman und Rosenman haben das „Typ–A-Verhalten“ genannt und einen eindeutigen Zusammenhang zu koronaren Herzkrankheiten festgestellt. Nun klingt das Typ–A–Verhalten eher nach Mann und Herzinfarkt ist nach wie vor eine typisch männliche Todesursache. Aber die Frauen sind hier leider im Aufholen begriffen! Einen gewissen Bonus scheinen wir allerdings zu haben. Die Rechnung „viel Typ–A, viel Streß" geht zwar auch bei Frauen auf. Ein direkter Zusammenhang zu koronaren Erkrankungen wie bei Männern ist aber noch nicht nachgewiesen(8). Was nicht ist, kann allerdings noch werden ...

In Fragebogen 6 können Sie überprüfen, inwieweit Sie Persönlichkeitsmerkmale à la Typ–A aufweisen. Je mehr Antworten Sie ankreuzen, desto aktiver produzieren Sie sich Ihren Streß praktisch selbst.

Fragebogen 6: Typ–A–Verhalten

Lesen Sie die folgenden Aussagen aufmerksam durch und markieren Sie jede Aussage, der Sie zustimmen, mit einem Kreuz.

- ☐ Ich bin fast immer pünktlich.
- ☐ Ich messe mich gern mit anderen.
- ☐ Im Gespräch ergänze ich oft im voraus die Aussagen meines Partners. Ich habe häufig das Gefühl, unter Zeitdruck zu stehen.
- ☐ Oft kann ich auch in der Freizeit nicht abschalten.
- ☐ Ich werde schnell ungeduldig, wenn ich warten muß.
- ☐ Bei fast allem, was ich tue, bin ich engagiert dabei.
- ☐ Ich erledige oft mehrere Sachen gleichzeitig. Ich spreche meist lebhaft und mit Nachdruck.
- ☐ Wenn ich etwas geleistet habe, lege ich auch Wert darauf, daß andere es anerkennen.
- ☐ Das meiste, was ich tue, tue ich schnell.

- ☐ Gefühle wie Ärger, Zorn etc. drücke ich gerne offen aus.
- ☐ Wenn etwas nicht klappt, werde ich schnell gereizt.
- ☐ Ich bin ehrgeizig und habe vor, noch einiges im Leben zu erreichen.

Je mehr Aussagen Sie angekreuzt haben, desto ausgeprägter ist Ihr Typ-A-Verhalten. Das ist im Prinzip nichts Schlechtes und eher karrieredienlich. Allerdings müssen Sie sehr auf Ihre Gesundheit achten und aufpassen, daß Sie Ihr hohes Energiepotential nicht überstrapazieren.

Für A-Typen ist es besonders wichtig:

- Eine Entspannungstechnik zu erlernen und regelmäßig anzuwenden. Auch wenn die Zeit noch so knapp erscheint! Schließlich haben Sie nur dieses eine Leben – wollen Sie es wirklich schon mit Ende 40 per Herzinfarkt beenden?

- Regelmäßig (mindestens 2 x die Woche) Sport zu treiben oder zumindest täglich ein paar schnelle Schritte zu tun.

- Unsere Kapitel (13, 15) zum Thema Gesundheit aufmerksam durchzuarbeiten.

- Sich mit den persönlichen Zielen (s. hierzu auch Kapitel 22) zu befassen. Wo will ich eigentlich hin, was treibt mich an? Karriere um der Karriere willen ist ein ziemlich hohles Ziel. Viele hohle Ziele übernehmen wir unreflektiert von unseren Eltern: Wir sind eine Juristenfamilie – also wird auch der störrischste Leistungsverweigerer durch Abitur und Studium gepeitscht. Wir waren schon immer etwas Besseres, also heirate gefälligst einen Industriellen und nicht diesen hoffnungslosen Hungerleider.

- Was ist mir wirklich wichtig im Leben? Nehmen Sie sich eine Stunde Zeit und gehen Sie gedanklich ans Ende Ihres Lebens. Stellen Sie sich vor, wie Sie mit 85 (oder unseretwegen auch 112) vor Ihrem Haus in der Sonne sitzen. Oder im Kreise Ihrer Enkel Weihnachten feiern. Was wäre Ihnen wichtig, erreicht zu haben? Was möchten Sie auf der anderen Seite keinesfalls versäumt haben? Diese Perspektive führt dazu, daß Sie erkennen, was Ihnen wirklich wichtig im Leben ist. Und welcher unwichtige Alltagskram (Streß) Sie davon abhält, es zu erreichen. Vielleicht entdecken Sie, daß Sie im Alter nicht allein dastehen möchten. Sie hören schleunigst damit auf, Ihren Partner zwecks Karriereplänen links liegenzulassen. Vielleicht erkennen Sie auch, daß Sie nicht ohne Doktortitel durchs Himmelstor treten möchten. Sie setzen sich auf Ihren Rockboden, um die Arbeit endlich zusammenzuschreiben. Wer weiß?

Tiger oder Maus - die weibliche Wahrnehmung und Bewertung

Wer ist in der Regel ängstlicher – Männer oder Frauen? Nein, hier kommt leider kein Überraschungseffekt. Es sind immer noch die Frauen, die in den meisten Bereichen des Lebens eher ängstlich reagieren.

Sie erinnern sich an das Beispiel mit der Jäger- und Sammlerin (Person) mit dem Tiger (Stressor) aus Teil I? So gesehen neigen Frauen dazu:

- aus Mäusen Tiger zu machen (Diese Aufgabe ist zu schwierig für mich, das schaff' ich nie!),
- Tiger zu sehen, wo keine sind (Mein Chef mag mich

nicht und wird mich demnächst feuern!),

- und im Zweifelsfall lieber zu fliehen, als sich einem Kampf zu stellen. (Lieber kündigen, schwanger werden als den Konflikt auszutragen!)

Eher typisch für Männer ist dagegen eine zu hohe Risikofreudigkeit, d. h. die eigenen Bewältigungsmöglichkeiten zu über– die Situation hingegen zu unterschätzen. In der Jäger– und Sammlersprache ausgedrückt neigen Männer dazu:

- Tiger für Mäuse zu halten (Ach, das ist doch lächerlich einfach.),
- ihre eigenen Kräfte zu überschätzen (Das erledige ich mit links.),
- und im Zweifelsfall eher anzugreifen, statt zu fliehen (Dem werd' ich's zeigen! Jetzt erst recht!)

Natürlich hängen diese Bewertungen mit der geschlechtsspezifischen Erziehung zusammen. Einem „richtigen Jungen" bleibt gar nichts anderes übrig, als mit den anderen über das morsche Dach eines Abbruchhauses zu balancieren. Ein Mädchen dagegen ...

Beide Verhaltensweisen sind Ausdruck einer Rollenverteilung. Die Rollen sind genau aufeinander abgestimmt und bestärken sich gegenseitig. Frau hat Angst – Mann hilft und beschützt. Beide haben etwas davon und verstärken sich gegenseitig durch Zuwendung.

Trotzdem gibt es genügend Frauen, die jetzt sagen werden: Ich bin aber eher der risikofreudige Typ. Schon als

Kind habe ich auf den höchsten Bäumen gesessen und mich in meinem Leben x-mal in Gefahr gebracht. Kein Grund, stolz zu sein! Denn beide Verhaltensweisen, die extrem risikofreudige und die extrem ängstliche, erzeugen Streß, wenn sie durchgängig angewendet werden!

Eine ängstliche und eine risikofreudige Frau sind gleichzeitig auf der Autobahn nach Salzburg unterwegs. Was passiert?

Die Ängstliche:

Selbstverständlich fährt die ängstliche Frau einen sicheren Volvo. Garantiert ist sie angeschnallt, denn Autofahren ist gefährlich (ein Tiger!). Bis zu ihrem Termin in Salzburg hat sie noch drei Stunden Zeit. Dennoch macht sie sich Sorgen: „Werde ich auch den Weg finden, den ich aus dem Stadtplan herausgesucht und auswendig gelernt habe? Bestimmt verfahre ich mich.“ (Tiger) Als es zu regnen beginnt, gerät die Ängstliche in Panik: „Oh Gott – Gefahr! Ich muß langsam fahren wegen des Aquaplanings! Jetzt komme ich sicher zu spät.“ (Riesentiger!) Sie kriecht mit sechzig km/h auf der rechten Spur dahin. Verkrampft klebt sie am Steuer. Wie üblich ist sie trotzdem eine Stunde zu früh an der richtigen Adresse. All der Streß war überflüssig!

Die Risikofreudige:

Die Risikofreudige ist mit einem schnellen Flitzer unterwegs. Die Reifen sind abgefahren. „Ach was“, hatte sie gesagt, als man sie in der Werkstatt darauf angesprochen hat, „die tun's noch!“ (eine Maus!) Ein Blick auf die Uhr: „In vierzig Minuten muß ich in Salzburg sein. Na ja, wenn ich kräftig auf die Tube drücke, müßte das zu schaffen sein!“ (Maus!) Es beginnt zu regnen. „Was kriechen die denn alle so! Weg von der Überholspur, du Schnecke!“ (Langsam wird's stressig!) Die Risikofreudige rast mit hundertsechzig km/h und muß zwischendurch immer wieder scharf abbremsen. Kurz vor Salzburg steht der Zeiger der Benzinuhr auf Reserve. „Jetzt noch tanken geht nicht mehr. Ich bin sowieso schon zu spät dran“. Viel zu schnell nimmt sie die Kurve der Ausfahrt Salzburg West. Der Wagen gerät kurz ins Schlingern. „Puh, nochmal gutgegangen!“ denkt die Risikofreudige und spürt, wie sich eine lähmende Flüssigkeit in ihrem Körper ausbreitet. Natürlich verfährt sie sich noch im Salzburger Straßengewirr und kommt völlig entnervt in letzter Sekunde zu ihrem Termin. Auch dieser Streß war überflüssig!

Was haben die Risikofreudige und die Ängstliche gemeinsam? Beide schätzen die Situation und ihre eigenen Bewältigungsmöglichkeiten falsch ein. In beiden Fällen führt dies zu unnötigem, weil vermeidbarem Streß. Die Ängstliche nimmt ihre Umwelt als zu bedrohlich wahr. Ständig fühlt sie sich deshalb überfordert. Die Risikofreudige unterschätzt schwierige oder gefährliche Anforderungen schon im Vorfeld. Dadurch bringt sie sich in Situationen, die ihre Bewältigungsmöglichkeiten tatsächlich übersteigen.

Halten wir fest: Für eine erfolgreiche Streßbewältigung ist es unabdingbar, sich selbst und seine Umwelt realistisch einzuschätzen! Wer die an ihn gestellten Anforderungen über–und/oder seine Fähigkeiten unterschätzt, erlebt Streß. Das gleiche gilt auch umgekehrt: Überschätzung der eigenen Bewältigungsmöglichkeiten und/oder Unterschätzung der Anforderungen führt zu Streß.

Wie gelangt man zu einer realistischen Einschätzung? Gehen Sie zunächst ehrlich mit sich ins Gericht. Fragen Sie sich: Welcher Bewertungstyp bin ich eigentlich? Neige ich dazu, aus Mäusen Tiger zu machen (ängstlicher Typ) oder umgekehrt Situationen eher zu unterschätzen und mich selbst zu überschätzen (risikofreudiger Typ)?

Haben Sie Schwierigkeiten, sich selbst zu beurteilen?

Dann fragen Sie doch mal Ihre Freundinnen und Bekannten. Sie sollten auch erfragen, welche konkreten Verhaltensweisen Ihren Freundinnen auffallen. Beispiel: „Du regst dich immer vor jedem Vortrag wahnsinnig auf. Dabei kannst du das doch sehr gut". (Hinweis für eher ängstliches Verhalten). Oder: „Du fährst ausgerechnet jetzt nach Jugoslawien in Urlaub, wo dort seit Monaten ein Bürgerkrieg tobt." (Hinweis für eher risikofreudiges Verhalten).

Vielleicht kommen Sie zu dem Urteil, daß Sie eher zu ängstlich sind. Diese Maßnahmen helfen Ihnen, in Zukunft Ihren Streß zu reduzieren:

- Trauen Sie sich mehr zu. Wer sich vor schwierigen Situationen drückt, macht nie die Erfahrung „Ich kann es ja!" Zu einer realistischen Einschätzung seiner eigenen Fähigkeiten und Bewältigungsmöglichkeiten gelangt nur, wer auch mal was riskiert. Das heißt nicht, daß Sie nun auf der Autobahn rasen sollen. Aber vielleicht sagen Sie das nächste mal „ja", wenn Ihnen Ihr Chef eine anspruchsvolle, neue Tätigkeit anbietet. Er scheint es Ihnen doch zuzutrauen, sonst hätte er Sie nicht gefragt.

- Nehmen Sie in Kauf, daß Sie, wenn Sie Neues ausprobieren, zunächst Angst verspüren. Reden Sie sich innerlich gut zu: „Was ich tun will ist, neu für mich. Es ist ganz normal, daß mir mulmig ist."

- Häufig steckt hinter einer Angst auch eine perfektionistische Einstellung: „Wenn ich es schon mache, muß ich es 100 %ig machen." Da man da bei neuen Projekten und Aufgaben nie ganz sicher sein kann - oder es sogar eher unwahrscheinlich ist - läßt man die Finger ganz davon. Haben Sie schon einmal überlegt, Ihren Anspruch etwas zu reduzieren? „Ich setze mich ein, so gut ich kann. Ich gebe mein Bestes." Männer können genausowenig eine Garantie geben, daß es 100 %ig klappen wird, und tun einfach so, als ob es das Normalste der Welt wäre, daß sie es können.

- Erlernen Sie eine Entspannungstechnik. Angst tritt im entspannten Zustand nicht auf. Daher wird in der Therapie hochängstlicher Patientinnen sehr intensiv mit Entspannungstechniken gearbeitet. Lesen Sie hierzu das Kapitel 15.

- Denken Sie an frühere Erfolge. Versuchen Sie, sich nicht alle möglichen Katastrophen auszumalen. Bauen Sie darauf, daß Sie es schon schaffen werden. Die Erinnerung an frühere Erfolge kann Ihnen dabei helfen. Meist ist es nicht der Mißerfolg selbst, der uns Angst macht, sondern die phantasierten katastrophalen Folgen: „Wenn ich das nicht schaffe, werde ich von allen für eine Versagerin gehalten! Das wäre entsetzlich." Die meisten dieser Ängste sind irrational. Jeder erfolgreiche Mensch hat auch Mißerfolge hinter sich. Nur läßt er sich davon nicht ins Boxhorn jagen. Die anderen nehmen Ihre Mißerfolge meist nur kurz und am Rande wahr. Jeder ist viel zu sehr mit seinem eigenen Leben beschäftigt!

Sind Sie zu dem Urteil gekommen, daß Sie eher zu risikofreudig sind? Ergreifen Sie diese Maßnahmen, um Ihre Streßbelastung zu senken:

- Planen Sie Ihr Leben und verbessern Sie Ihr Selbstmanagement. Sie wissen, daß Sie immer auf dem letzten Tropfen Benzin an der Tankstelle ausrollen, daß Sie den angeforderten Bericht auf den letzten Drücker abgeben, daß Ihr Paß natürlich abgelaufen ist, wenn Sie am Flugplatz stehen ... Sie wissen auch, wieviel unnötigen Streß und Ärger Sie sich damit einhandeln! Jeder dieser Fehler sollte Ihnen nur einmal passieren! Setzen Sie sich rechtzeitig mit dem auseinander, was in den nächsten Tagen und Wochen auf Sie zukommt. Überlegen Sie, ob

Sie auf mögliche Pannen und negative Folgen vorbereitet sind. Bauen Sie „Katastrophenspielräume“ für mögliche Verkehrsstaus, langwierige Aufgaben und individuelle Leistungsschwankungen ein. Das Thema Zeitmanagement greifen wir nochmals in Teil III auf. Außerdem gibt es dazu im Rahmen dieser Reihe ein eigenes Buch von Ilse Martin ‹Zeitmanagement für Frauen› (erscheint März 1993).

- Lassen Sie Ihre Einschätzung überprüfen. Fragen Sie öfter mal einen Freund oder eine Freundin, wie sie eine bestimme Situation einschätzen. „Ist es tatsächlich ungefährlich, wenn ich den Posten annehme, auf dem bereits zwei Vorgänger gescheitert sind? Woran lag es wohl? Glaubst du, daß ich es schaffen werde? Worauf muß ich deiner Meinung nach achten?“ Der Freund/die Freundin kann ruhig ein wenig ängstlich und penibel sein. Was er/sie Ihnen rät, werden Sie ohnehin für übertrieben halten. Aber vielleicht finden Sie auf diese Weise den goldenen Mittelweg.

- Lernen Sie aus „Beinahe-Unfällen“. Überlegen Sie genau, warum Sie die Kurve doch noch geschafft haben. War es tatsächlich Ihre Überlegenheit? Oder haben Sie nicht doch nur eine gehörige Portion Glück gehabt? Wenn letzteres zutrifft gilt: Fuß runter vom Gas! – und zwar im übertragenen wie im wörtlichen Sinne.

13. Zwischen Magermilch-Askese und Schweinebauch-Schlemmerei

Fallbeispiel: Martina

Martina ist mal wieder auf Diät. Es ist die vierte in diesem Jahr. Diesmal lautet das Motto: „Zehn Kilo weniger, spielend und in nur zwei Wochen“. Doch der Magen knurrt. Die vielen Zigaretten und der Kaffee (gegen den Hunger) machen zusätzlich nervös. Aber was tut man nicht alles für die Schönheit!

> *„Normalerweise ernähre ich mich tagsüber von Schokoriegeln und Weingummis. Die habe ich immer in der Schreibtischschublade vorrätig, sozusagen als Nervennahrung. An stressigen Tagen kann es schon mal passieren, daß ich drei Tüten verspeise, ohne es zu merken. Aber das ändert sich jetzt! Mein Arzt hat festgestellt, daß ich zu Krampfadern neige, außerdem habe ich ewig und drei Tage Verstopfung. Bis zu meinem Urlaub in sechs Wochen sind 12 Pfund runter – das habe ich doch schon öfter geschafft!“*

Martina schlägt sich, wie so viele ihrer Geschlechtsgenossinnen, mit typisch weiblichen Streßproblemen herum:

- Im Kampf um die Pfunde wird der Körper abwechselnd mit angeblichen Wunderdiäten und darauf folgendem Frustfraß traktiert, die Folge: Aggression gegen sich selbst, langfristig gesundheitliche Schäden.

- Viele Frauen in einer rein sitzenden Tätigkeit leiden unter chronischer Verstopfung – ganz besonders, wenn sie unter Streß stehen.

- Süßigkeiten werden als „Nervennahrung" eingesetzt; alternativ wird „unter Diät" der Kaffee- und/oder Zigarettenkonsum erhöht.

Das Thema Gesundheit hat sehr viel mit Streß zu tun, denn die Streßreaktion hat unmittelbar gesundheitsschädliche Auswirkungen (siehe hierzu Teil I). Nahezu alle psychosomatischen Erkrankungen sind im Grunde Streßfolgen. Logischerweise wäre deshalb eine besonders gesunde Lebensweise mit viel Sport, ausgewogener Ernährung, ausreichendem Schlaf etc. ein optimaler Streßschutz. Die Betonung liegt auf „wäre". Tatsächlich leidet der Mensch des zwanzigsten Jahrhunderts unter chronischem Bewegungsmangel, seine Ernährung ist zu fetthaltig und ballaststoffarm – von der Belastung durch Umweltschadstoffe ganz zu schweigen – und seine Arbeitsweise zwingt ihn allzuoft, gegen seinen natürlichen Biorhythmus anzukämpfen („Ich bin müde und möchte eigentlich nach Hause gehen. Aber bis morgen muß das noch fertig werden – also hole ich mir einen Kaffee und arbeite weiter").

Auf der anderen Seite ist das Gesundheitsbewußtsein in der Bevölkerung so hoch wie nie zuvor: Immer mehr Menschen ernähren sich vegetarisch oder zumindest vollwertig, in jedem Supermarkt gibt es inzwischen die „Bioecke". Umweltbewußtsein ist ein wichtiger Wert geworden. Die Joggingwelle wurde vom Mountain-Bike-Trend buchstäblich überrollt. Aerobic und Fitness-Center stehen nach wie vor hoch im Kurs. Jede Woche erreicht uns, per Video-Kassette, ein neuer Gymnastiktrend aus den USA.

Alles Unsinn, Mode, Geschäftemacherei? Nicht ganz. Sicher sind viele dieser Trends überzogen, sicher führt übermäßiges Jogging zu Gelenkschäden, sicher leiden naive Vegetarier manchmal unter Mangelerscheinungen. Doch diese Negativerscheinungen sind, im Vergleich zu den Schäden durch Bewegungsmangel und ungesunde Ernährung, verschwindend gering! Wir meinen, wie so oft ist auch hier der goldene Mittelweg zu bevorzugen. Und der liegt irgendwo zwischen Magermilch-Askese und Schweinebauch-Schlemmerei.

Unsere Tips zum Thema Gesundheit stehen daher unter dem Motto: So gesund wie möglich – aber bitte nicht verbiestert!

Freude und Lust am Essen ist – per entsprechender Hormonausschüttung – ein perfektes Anti-Streßmittel. Wer dagegen stets schlecht gelaunt seine Knoblauchzehen kaut, kriegt nicht nur Mundgeruch, sondern auch Falten.

Sei netter zu Dir selbst! Wer Lust auf eine Tafel Nuß-Nougat-Schokolade hat, der soll sie, in Gottes Namen, auch essen. Bloß eben nicht jeden Tag. Entscheidend für die Streßbewältigung ist eine generell gesundheitsbewußte Lebensweise. Perfektionismus bis ins Detail ist nicht notwendig (wenn auch typisch weiblich), sondern erzeugt nur neuen Streß.

Wie gesundheitsbewußt sind Sie eigentlich, wie gesund leben Sie im allgemeinen? Die folgende Checkliste gibt Ihnen erste Anregungen zum Thema. Bei mehr als 20 (ehrlichen!) Ja's können Sie sich auf die Schulter klopfen. Sie sind körperlich und seelisch top–fit. Wer dagegen nur 10 oder weniger Fragen positiv beantworten kann, hat im Gesundheitsbereich noch viele ungenutzte Streßbewältigungspotentiale.

Fragebogen 7: Wie gesund lebe ich?

Kreuzen Sie bitte diejenigen Sätze an, denen Sie zustimmen.

Erst mal die Ernährung ...

- ☐ Es ist mir wichtig, mich gesund zu ernähren.
- ☐ Ich bin mit meinem momentanen Körpergewicht zufrieden.
- ☐ Ich weiß ziemlich gut, worauf es bei gesunder Ernährung ankommt.
- ☐ Ich bemühe mich, meine Lebensmittel besonders frisch und schadstoffarm zu kaufen (auch wenn das etwas teurer, der Weg weiter u. ä.) ist.
- ☐ Ich trinke nur ab und zu Alkohol (nicht täglich) und dann auch nur in geringen Mengen (1–2 Glas Bier, Wein oder Sekt).
- ☐ Ich bin Nichtraucherin.
- ☐ Ich versuche, meine Kinder zu „gesundem Eßverhalten" zu erziehen.

... und jetzt das Allgemeine

- ☐ Ich weiß immer ganz gut, was mein Körper gerade braucht (Ruhe, Bewegung, Essen).
- ☐ Ich schlafe ausreichend.

- ☐ Ich putze mir regelmäßig 2–3x täglich die Zähne.
- ☐ Ich bewege mich ausreichend.
- ☐ Ich betreibe eine Sportart regelmäßig bzw. halte mich anders fit.
- ☐ Ich finde mich und meinen Körper „o.k.“.
- ☐ Ich pflege meine Haut und meine Haare gerne und gründlich.
- ☐ Ich kann tief in meinen Bauch atmen.
- ☐ Ich achte bei mir (und bei meinen Kindern) auf „gesunde“ Kleidung (z. B. gute Schuhe, Natur- Materialien).
- ☐ Ich lese gerne mal was zum Thema „Gesundheit“ (Fachpresse, aktuelle Bücher etc.).
- ☐ Ich gehe bei mir selbstverantwortlich mit Medikamenten um (nach ärztlicher Anweisung).
- ☐ Ich kann mich gut entspannen.
- ☐ Ich schütze mich aktiv und bewußt vor AIDS.

Wie steht's mit der Seele?

- ☐ Es gelingt mir gut, mit Zusatzbelastungen fertig zu werden.
- ☐ Ich bin in meinem Leben meist zufrieden und guter Dinge.
- ☐ Ich halte mich für seelisch ausgeglichen.
- ☐ Mit Konflikten, Auseinandersetzungen etc. kann ich gut umgehen.
- ☐ Ich lebe gerne.
- ☐ Ich bin mit meiner Partnerschaft zufrieden.
- ☐ Ich bin beruflich ausgefüllt.
- ☐ Ich kann auch mal allein sein.
- ☐ Ich habe ein Hobby/Interesse, das mir richtig Spaß macht.
- ☐ Ich habe gute Freundinnen und Bekannte.

Was meint der Arzt?

- ☐ Ich gehe regelmäßig zur Krebsvorsorge.

- ☐ Ich habe in den letzten 5 Jahren einmal eine Gesamtuntersuchung machen lassen.
- ☐ Ich gehe sofort zum Arzt, wenn ich Beschwerden habe.
- ☐ Ich gehe regelmäßig (1/2jährlich) zum Zahnarzt.

Wie sieht Ihr Ergebnis aus? Wenn Sie nur 10 oder weniger Ja-Antworten haben, dann sollten Sie sich überlegen, ob Sie sich einen Punkt auswählen wollen, an dem Sie dann so lange arbeiten, bis er zur Gewohnheit geworden ist. Ein gesunder Körper ist widerstandsfähiger und hat mehr Energien zur freien Verfügung.

Die 100-prozentige Wunderdiät

... gibt es nicht, gab es nie und wird es auch nie geben. Sind Sie reingefallen und haben das Kapitel gleich ganz gespannt aufgeschlagen? Umso wichtiger für Sie, es auch durchzulesen. Sie ersparen sich und Ihrem Körper damit in Zukunft eine Menge Kummer.

Doch erst zur Ernährung im allgemeinen. Spiegelt sich unsere hohe Lebensqualität eigentlich auch in der Qualität unserer Nahrung wieder? Ist Lebensqualität gleich Lebensmittelqualität? Leider ganz und gar nicht! „Die Belastung unserer Lebensmittel durch Umweltgifte, chemische Zusatzstoffe sowie ihre Entwertung durch die heutigen Formen der Konservierung, Raffination und des Präparierens machen einen großen Teil der angeblichen Lebensmittel zu ‚Todesmitteln'." (Zitat: Prof. Dr. K. Pfeilstricker, Fachkongreß Umweltmedizin, 1987).

Exotische Obstsorten überall, bequeme 5–Minuten–Menüs für die Mikrowelle, Fertignahrungen aus Gläsern, Tüten und Tiefkühlpackungen ... Die Liste dieser Lebensmittel ließe sich beliebig lange fortsetzen. Ihre Gemeinsamkeit: Sie sind so verfremdet, daß das Ergebnis mit dem ursprünglichen Nährstoffgehalt kaum mehr vergleichbar ist. Ihr Nährwert ist, salopp ausgedrückt, „gleich Null". Sie machen zwar satt, doch auf Dauer krank.

„Aber das ist doch so praktisch!" wenden unsere Seminarteilnehmerinnen an dieser Stelle entrüstet ein. „Mag ja sein, daß es gesund wäre, jedes Salatblatt selbst zu züchten – mir als berufstätiger Frau (und Mutter) fehlt dazu schlicht die Zeit!"

Vielleicht können Sie aber doch auf einige wenige Dinge achten:

- Zumindest am Wochenende könnten Sie frische Lebensmittel (am besten am Biomarkt) einkaufen. Oder Sie schließen sich mit anderen zu einer Einkaufsgemeinschaft zusammen. Anstatt jeden Tag „fünf vor halb sieben" in den Supermarkt an der Ecke zu hetzen, kaufen Sie abwechselnd einmal pro Woche und in Ruhe in einem Laden mit Qualitätsstandard ein.

- Frauen schreiten von sich aus öfter 'mal zur Salatbar statt zur Schweinshaxe. In vielen Kantinen wird bereits regelmäßig ein vegetarisches Gericht angeboten. Bei Ihnen nicht? Dann sollten Sie sich schleunigst dafür einsetzen!

- Wer Weißbrot und Brötchen durch Vollkornprodukte ersetzt, lebt schon um einiges gesünder. Sie werden sehen, das tut nicht nur der Verdauung gut, sondern schmeckt Ihnen auch bald viel besser!

- Wer ständig mit Abführmitteln lebt, lebt in einem gefährlichen Teufelskreis! Sie bewirken auf Dauer nur, daß der Darm von allein überhaupt nicht mehr aktiv wird. Das gilt übrigens auch für angeblich natürliche Abführmittel auf pflanzlicher Basis. Kein Tier käme auf die Idee, sich durch das Fressen von abführenden Pflanzen einen Dauerdurchfall zu verschaffen. Das ist absolut unnatürlich. Versuchen Sie's mal mit Bewegung, gesunder Ernährung (rohem Gemüse, Obst, Sauerkraut) oder alten Hausmitteln (wie etwa Tee aus Sennesblättern, einem Glas Mineralwasser jeden Morgen oder Leinsamen)!

- Ersetzen Sie mindestens einmal pro Woche die hastige Zwischendurchmahlzeit am Schreibtisch durch eine halbe Stunde Spazierengehen! Ihre Konzentration fällt ohnehin nach spätestens 90 Minuten Beschäftigung mit einer Aufgabe rapide ab. Eine kurze Pause von 10 Minuten ist insgesamt effektiver als ein zähes Weiterquälen mit halber Kraft.

Merke: Die Kunst des Ausruhens ist ein Teil der Kunst des Arbeitens. Viele kurze Pausen im Laufe eines Arbeitstags erhalten Energie und Konzentration weit mehr als eine längere Mittagspause.

- Sorgen Sie dafür, daß Sie täglich mindestens 1,5 l Flüssigkeit trinken - nach Möglichkeit keine Cola und keinen Kaffee.

- Verzichten Sie beim Geschäftsessen auf die (leckeren, ich weiß) kleinen Brötchen mit Butter vorab. Bestellen Sie stattdessen Rohkost mit Dip (auch lecker).

- Essen Sie morgens ein Müsli statt des Marmeladenbrötchens – aber nur, wenn Sie Müsli mögen!

Doch Sie kennen das sicher aus der Lektüre einschlägiger Frauenzeitschriften, die uns alternativ mit immer neuen Diätvorschlägen traktieren oder uns auf zwei Hochglanz-Seiten ein zehngängiges Weihnachtsmenü schmackhaft machen. Warum fällt es eigentlich so schwer, dauerhaft schlank zu bleiben?

Abnehmen ist schwierig, wie 20 Millionen Deutsche, die schon einen oder mehrere Diätversuche unternommen haben, bestätigen können. Die meisten Frauen haben schon zahlreiche „Abmagerungskuren" hinter sich und leben ständig mit der Kalorientabelle neben dem Eßteller. Der gute Wille ist also da. Warum aber schaffen es so wenige, ihr Gewicht dauerhaft zu reduzieren? Diese Frage zu klären, ist unabdingbare Voraussetzung, um den typisch weiblichen Teufelskreis: „Streß – Essen – Diät – Streß" zu durchbrechen.

- Um dauerhaft abzunehmen, braucht man in erster Linie Geduld. Will man sein Idealgewicht nicht nur erreichen, sondern auch halten, dann hilft nur eine *dauerhafte* Ernährungsumstellung in Richtung vollwertige, gemischte Kost. Wer sich vollwertig ernährt, lebt also nicht nur gesund, sondern wird auf Dauer, fast zwangsläufig, auch schlank. Oder kennen Sie einen übergewichtigen Vegetarier?

* Wer abnehmen will, muß sein *Eßverhalten ändern*. Es spielt nicht nur eine Rolle was, sondern auch wie man ißt (in Ruhe oder hastig zwischendurch, aus Lust oder aus Frust, allein oder in Gesellschaft). Die meisten Menschen essen zu schnell und kauen zu wenig. Wer jeden Bissen mindestens 10 mal kaut, ißt nicht nur langsamer (und damit weniger), sondern hilft auch seinem Magen bei der Verdauung. Manchmal kann es helfen, die Gabel nach jedem Bissen kurz abzulegen. Sie hindern sich damit selbst daran, alles wie eine verhungerte Wölfin in sich hineinzuschlingen. Dies gelingt erfahrungsgemäß nur in kleinen Schritten, über einen längeren Zeitraum.

Spätestens jetzt wird deutlich, warum die „Wunderdiäten" („Zehn Kilo weniger, spielend und in nur zwei Wochen") niemals halten, was sie versprechen. Allenfalls verhelfen sie zu kurzfristigen Erfolgserlebnissen auf der Waage. Professor Pudel, ein sehr renommierter Ernährungsfachmann, bezeichnet jede Diät als unseriös, die riesige Gewichtsverluste in wenigen Tagen verspricht, aber kein Wort darüber verliert, wie es einen Monat später aussieht.

Was passiert nun bei diesen unseriösen Diäten genau im Körper? Wird die Kalorienaufnahme durch fasten oder „diäten" reduziert, schraubt der Körper im Handumdrehen seinen gewohnten Energieverbrauch zurück. Auf eine einfache Formel gebracht heißt das: Je weniger Kalorien ich zu mir nehme, desto weniger verbraucht mein Körper. Er wähnt sich nämlich noch in der Jäger- und Sammlerzeit, denkt: „Es ist derzeit kein Beutetier in Sicht", und schnallt den Gürtel enger. Das „Notprogramm für harte Zeiten" wird abgespult. Für unsere Vorfahren, die ihre Nahrung noch im Wald und nicht im Supermarkt holten, war es überlebenswichtig, in kargeren Zeiten nicht gleich vom Fleisch zu fallen. Allein der Grundumsatz, d.h. die Kalorien, die der Körper bei völliger Ruhe für seine Funktionen benötigt, kann so auf bis zu *ein* Prozent (!) des normalen Bedarfs reduziert werden. Das „Diät-Dilemma" ist also: Je mehr gehungert wird, desto weniger Kalorien verbraucht der Körper. Wesentlich länger benötigt er dagegen, den Energieverbrauch hochzuschrauben, wenn wieder mehr gegessen wird. Er behält, vorsichtshalber, das Notprogramm noch eine Weile bei (Sicher ist sicher, denkt sich die Natur). Was passiert also, wenn man wieder normal zu essen anfängt, der Körper aber nur einen Bruchteil der gewohnten Kalorien verbraucht? Richtig, man nimmt automatisch wieder zu! Und das sogar rasend schnell – schließlich sollten unsere Vorfahren schnell wieder zu Kräften kommen.

Sehr viele Frauen setzen sich selbst enorm unter Druck,

weil sie einem Schönheits- und Schlankheitsideal hinterherhecheln, das sie niemals dauerhaft erreichen können. Körpersprachlich gesehen ist das weibliche Schönheitsideal übrigens ein „Sich-dünn-Machen“ im wahrsten Sinne der Worte! Psychische Fehlhaltungen im Zusammenhang mit der Ernährung treten, kein Wunder, fast ausschließlich bei Mädchen und Frauen auf. Den lieben Männern sind sie so gut wie unbekannt. (Welche Frau hat sich nicht schon mal gefragt, warum dieser Fettwanst in Badehose sich so stolz in Positur werfen kann, während sie trotz Idealgewicht dauernd ihren Bauch einzieht?!) Die Zahl der Eßstörungen ist hoch, die Dunkelziffer noch höher. Magersucht, die nahezu totale Verweigerung der Nahrungsaufnahme, ist die extremste Form weiblicher Eßstörungen. Sie tritt bevorzugt in der Pubertät auf. Die oft sehr leistungsorientierten Mädchen wollen zunächst mit den Hungerkuren verhindern, daß ihr Körper rundlichere, weiblichere Formen annimmt. Später bekommt diese schwere Krankheit eine Eigendynamik. Die Betroffenen sind oft nur noch durch Zwangsernährung am Leben zu erhalten.

Eßstörungen sind nicht auf die Pubertät beschränkt. Jane Fonda zum Beispiel, die bekannte amerikanische Schauspielerin und „Erfinderin“ des Aerobic, hat jahrelang unter Bulimie (Heißhungeranfälle mit unkontrolliertem Essen und anschließendem, selbstherbeigeführten Erbrechen) gelitten. Die Zahl der weiblichen „Diätopfer“, die durch ständiges Fasten völlig verlernt haben, auf ihre eigenen körperlichen Bedürfnisse zu hören, sind ungezählt.

Trennen Sie sich von der Idee der Wunderdiäten. Wenn Sie kurzfristig zwei Pfund abnehmen möchten, um im Bikini eine bessere Figur zu machen – kein Problem. Das funktioniert übrigens in den ersten vierzehn Tagen nach der Periode am besten. In dieser Phase ist der Stoffwechsel stärker auf Verbrennung eingestellt. Reden Sie sich aber nicht ein, damit dauerhaft Ihre Figur verändern zu können. Es klappt nie, schadet Ihrem Körper dafür aber garantiert!

Hören Sie auf, danach zu essen, was „dünn macht" und was „dick macht". Essen Sie, was Ihnen Spaß macht, - dafür aber mit Genuß und Konzentration auf das Essen. Das Brötchen beim Lesen eines wichtigen Geschäftsbriefs in sich hineinzustopfen, befriedigt Ihren Hunger nicht, geschweige denn Ihren Genußsinn.

Lernen Sie, wieder zu essen, wie natürlich dünne Menschen:

- Essen Sie nur dann, wenn Sie Hunger haben.
- Essen Sie nicht bei Streß, Frust, etc.
- Essen Sie genau das, worauf Sie Lust haben.
- Konzentrieren Sie sich bewußt auf das Nahrungsmittel und den Geschmack.
- Hören Sie auf Ihr inneres Signal, das Ihnen sagt, wenn Sie genug haben.

Es lebe der Sport!

Sie erinnern sich: Bei der Streßreaktion wird eine Art „Superkraftstoff" im Körper freigesetzt. Er präpariert uns für Kampf oder Flucht und wird bei eben diesen Aktionen auch wieder verbrannt. Nun können wir die Stressoren unserer Arbeitswelt aber höchst selten mit körperlicher Tatkraft bewältigen. Der Treibstoff bleibt also während der gesamten Streßdauer aktiv und auch noch lange, nachdem die Streßsituation (eigentlich) vorbei ist. Das hat zum einen gesundheitliche Folgen. Es wirkt sich aber auch auf unsere Denk- und damit Handlungsfähigkeit aus. Im Gespräch mit dem wütenden Kunden am Telefon, bei der Präsentation des Marketingkonzeptes vor 100 Vertriebsleuten brauchen wir unseren Grips. Doch genau der wird durch die Streßreaktion blockiert. Ursprünglich sollten wir beim Anblick des Tigers nicht lange fackeln, sondern ganz schnell wegrennen! Die mit der Streßreaktion verbundene Hemmung höherer Denkfähigkeiten ist heute ein großes Handicap.

Merke: Körperliche Bewegung ist ein hervorragendes Mittel zur kurzfristigen Streßbewältigung. Das ausgeschüttete Adrenalin wird, z.B. durch Liegestützen oder isometrische Übungen, buchstäblich „weggepumpt".

In unseren Seminaren raten wir den Teilnehmerinnen:

- Nehmen Sie vor einer wichtigen Präsentation nicht den Fahrstuhl, sondern steigen Sie die Treppen. Dabei werden Streßhormone verbrannt und der Kopf wird frei.

- Machen Sie vor einer unangenehmen Verhandlung in Ihrem Büro (je nach Fitness-Grad) 10 - 20 Liegestützen. Sie sind anschließend ruhiger und damit überlegener.

- In Anwesenheit Dritter (Besprechung) kann man den Streß mit Hilfe isometrischer Übungen abbauen: Pressen Sie die Oberschenkel (Handflächen) 10 Sekunden lang so fest zusammen, wie Sie können. Entspannen Sie anschließend und wiederholen Sie die Übungen einbis zweimal.

Bewegung dient nicht nur der kurzfristigen Streßbewältigung, sondern ist auch hervorragend geeignet, langfristig den Folgen von Dauerstreß zu begegnen.

Merke: Eine halbe Stunde mäßiger Bewegung täglich reicht aus, um allen körperlichen Streßschäden vorzubeugen! Auch hier gilt: Mäßig, aber regelmäßig. Wenn Sie keine Sportskanone sind, sollten Sie sich immer an die „Zwei-Drittel-Regel" halten: Verausgaben Sie sich niemals ganz, sondern investieren Sie „nur" zwei Drittel Ihrer Körperreserven.

- Bestimmt haben Sie irgendwann mal eine Sportart betrieben. Beginnen Sie wieder Tennis oder Squash zu spielen. Melden Sie sich mit einer Freundin im Fitness-Club oder beim Turnverein an! Besuchen Sie einen Tanzkurs! Verbinden Sie körperliche Betätigung mit Spaß und Geselligkeit und machen Sie keine lästige Pflichtübung daraus. Schon nach zwei, drei Wochen merken Sie die positive Wirkung auf Körper und Seele.

- Oft berichten uns Seminarteilnehmerinnen stolz, daß sie morgens vorm Büro Joggen gehen. Das schadet bestimmt nichts. Im Sinne des Streßabbaus ist es jedoch wichtig, daß Sie abends, nach einem anstrengenden Arbeitstag, aktiv werden („Adrenalin abpumpen").

- Sozialisationsbedingt gibt es besonders viele unsportliche Frauen (Mädchen müssen schön, aber nicht stark sein). Zusammen mit einer falschen Haltung, hochhakkigen Schuhen und dem Selbstbild „Ich bin zu dick" führt das unweigerlich dazu, daß sie sich nie richtig wohl in ihrem Körper fühlen. Diesen Frauen empfehlen wir dringend, eine Sportart zu beginnen. Sie werden spüren, daß Ihr Körper kräftig ist, daß Sie stolz auf ihn sein können - auch wenn Sie keine „Claudia-Schiffer-Figur" haben. Dadurch gewinnen Sie Selbstbewußtsein im Auftreten und in der Haltung. Ihre körperliche Haltung ist ein non-verbales Signal, das nach außen wirkt!

- Begehen Sie nicht den Fehler, sich ein zu hohes Ziel zu stecken, beispielsweise jeden Tag von nun an eine Stunde Sport zu machen. Sie halten es höchstwahrscheinlich drei Tage durch, dann schwänzen Sie einen Tag und hören danach ganz auf. Setzen Sie sich ein realistisches Ziel, beispielsweise täglich 15 Minuten. Wenn Sie nach 15 Minuten noch fit sind, können Sie sich noch einen Nachschlag gönnen - aber dann mit dem Gefühl, „besonders fleißig zu sein“.

Ein Exkurs zum Thema Rauchen und Pille

Leider sind viele von uns nicht nur total unsportlich, sondern traktieren ihren Körper vorsätzlich mit Alkohol, Nikotin und Coffein. Lediglich die männliche „Schizophrenie“, sich nach einem Squashmatch zwei Bier und eine Schachtel Zigaretten reinzuziehen („Das hab‘ ich mir verdient“), teilen wir noch nicht. Aber dafür haben wir die Pille ...

Für Frauen stellt das Rauchen zusammen mit der Pille einen hohen Risikofaktor dar. Das gilt vor allem dann, wenn Sie:

- von Haus aus eine erhöhte Gerinnbarkeit des Blutes aufweisen (Arzt fragen),
- zu Gefäßveränderungen (z.B. Krampfadern) neigen,
- oder zu hohen Blutdruck haben (beim Arzt oder in der Apotheke messen lassen).

Sowohl die Pille als auch Nikotin wirken indirekt auf die Blutgerinnung und Gefäßwände ein. Das Risiko zu Verklumpungen (Thrombosen) im Blut steigt an. Damit steigt auch das Risiko, daß durch ein solches Blutgerinnsel ein feines Gefäß verstopft und undurchlässig wird. Geschieht dies an der Körperperipherie, wirkt es sich nicht weiter tragisch aus. Tödlich kann es jedoch enden, wenn es zu einem Verschluß von Blutgefäßen im Gehirn (Schlaganfall) oder im Herzen (Herzinfakt) kommt. Plötzlich auftretende starke Kopfschmerzen sind ein Grund, alles liegen und stehen zu lassen und sofort zum Arzt zu gehen!

14. Sei netter zu Dir selbst!

Bei einem großen deutschen Automobilhersteller sollen wir Streßseminare durchführen, und zwar für deren gewerbliche Mitarbeiterinnen. Die Personalabteilung ist von der Idee angetan („Endlich tun wir mal was für unsere Arbeiterinnen, nicht immer nur für die Führungsriege"). Auch die Meister in der Fertigung, also die unmittelbaren Vorgesetzten der Frauen, sind dafür („Unsere Frauen am Band stehen wirklich ganz schön unter Streß"). Sechs Wochen vor dem ersten Seminartermin ereilt uns ein Brief der Personalentwicklerin. Leider müsse sie das geplante Training absagen, es hätten sich nur zwei Teilnehmerinnen angemeldet ... Der Titel des Seminars lautet: „Zeit für mich".

Eine Umfrage der Zeitschrift „Cosmopolitan" auf der Frauenmesse Top 91 ergab: Die meisten jungen weiblichen Nachwuchs-Führungskräfte wollen auf Kinder nicht verzichten. Sie sind der Meinung, daß Familie und Karriere sich unter einen Hut bringen lassen. Gefragt, wie sie denn das konkret anzupacken gedächten, antwortete die überwiegende Mehrheit: „Da muß ich halt auf Zeit für mich (Freizeit, Hobbies) verzichten, mich zeitlich einschränken."

Warum fällt es gerade Frauen so schwer, Zeit „nur" für sich selbst zu beanspruchen? Weil viele von uns nie gelernt haben, auch ihre eigenen Bedürfnisse ernst und wichtig zu nehmen. Für andere dazusein, sich aufzuopfern für die Kinder, die pflegebedürftigen Großeltern, den streßgeplagten Ehegatten - das paßt zum weiblichen (Selbst)Bild. Die meisten von uns sind doch in der Kindheit und Jugend noch mit diesen Klischees traktiert worden: Die gute Mutter und Ehefrau denkt zuallerletzt an sich. Sie trägt lieber nochmals das Kleid vom vorletzten Jahr, damit der Sohn ein neues Fahrrad bekommt. Sie verzichtet, und das auch noch gern, auf ein eigenes Auto, damit der Mann das Häuschen im Grünen abbezahlen kann. Sie haben recht, das ist heute, Gott sei Dank, weitgehend passé. Doch ein bißchen (oder manchmal auch ein bißchen mehr) weibliche Opferhaltung steckt doch noch in uns allen.

Hier kommt eine typisch weibliche Haltung ins Spiel: Frauen brauchen das Gefühl, gemocht zu werden. Und zwar, weil sie sich in ihrem Selbstwertgefühl stark von der Wertschätzung Dritter abhängig machen. In einer amerikanischen Studie(9) wurden verschiedene Faktoren untersucht, die das Selbstwertgefühl von Frauen beeinflussen. Einer der wichtigsten Faktoren bei Hausfrauen: die Wertschätzung durch ihren Ehemann. Aber auch berufstätige Frauen machen sich weitgehend davon abhängig, wie die Umwelt sie beurteilt. Da die weibliche Opferrolle für unsere männliche Umwelt so bequem ist, belohnt sie uns dafür mit besonders viel Wertschätzung („Das ist ja toll, Frau Müller, wie Sie das wieder hingekriegt haben. Das können doch nur Sie"). Und wir gehen prompt auf den Leim.

Was passiert, wenn eine Frau nicht gibt, sondern fordert, können wir gerade gut beobachten. Während wir diesen Teil des Buches schreiben, findet der große Tarifkonflikt mit Streik der ÖTV statt. Frau Wulf-Mathies fordert für ihre Mitglieder mehr Lohn. Und wir lesen im „Stern", daß sie dafür von Männern Drohbriefe erhält. Daß sie selbst der Meinung ist, einem Mann würde diese fordernde Haltung wohl eher abgenommen werden. Daß in einer Fernsehendung die „Scherzfrage" lautet: Was tun Sie, um Ihren Orgasmus zu verlängern?

Antwort: a) denke an mein Bankkonto
b) denke an Frau Wulf-Mathies
c) ...

Gibt es wirklich nichts Unangenehmeres (Unerotischeres) für Männer als Frauen, die Rechte einfordern?

Doch zurück zum Thema „Sei netter zu Dir selbst". Frauen brauchen, genauso wie die männlichen Kollegen Regenerationsphasen, wenn sie auf Dauer mithalten wollen, ohne aus den Latschen zu kippen.

Merke: Auch für die persönliche Arbeits- und Leistungsfähigkeit gilt eine „Zwei-Drittel-Regel": Auf Dauer leistungsfähig und gesund bleibt nur, wer seine körperlich-seelische Leistungsfähigkeit zu zwei Dritteln ausschöpft. Ein Drittel Kraftreserven braucht der Körper, um für kritische Ereignisse, unvorhergesehene Belastungen oder kurzfristige Hochleistungen gewappnet zu sein.

Nehmen Sie sich und Ihre eigenen Bedürfnisse wichtig! Seien Sie nicht mehr so nett zu anderen, dafür aber netter zu sich selbst! Gönnen Sie sich, Ihrem Körper und Ihrer Seele Regenerationsphasen. Tanken Sie mal wieder auf!

Wie oft denken Sie sich „Ist nicht so wichtig, daß ich heute abend nicht ins Kino gehe, ... daß ich mittags wieder nicht an die frische Luft komme, ... daß nicht ich, sondern Herrn Müller, die begehrten Urlaubstage zwischen den Feiertagen ergattert", und stecken freiwillig, auf Kosten Ihrer ganz persönlichen Lebensqualität, zurück?

Fangen Sie noch heute an, die „Das gönn' ich mir" - Liste in diesem Kapitel auszufüllen. Hängen Sie sie gut sichtbar zuhause auf. Prüfen Sie jeden Tag: „Was habe ich mir heute gegönnt?" In diese Liste gehören so „banale" Dinge wie z.B.:

- regelmäßig zum Arzt gehen,
- aufs Klo gehen, wenn man muß,
- Zeit zum Essen nehmen,
- und, und, und

In diese Liste gehört all das, was Ihnen Spaß macht und schon lange viel zu kurz kommt. Z.B.

- wieder öfter ins Theater, Kino, Konzert etc. gehen,
- mit dem neuen Lover ein Wochenende in Paris verbringen,
- mit der Freundin in die Disko gehen und bis morgens um halb vier tanzen und flirten,
- im Garten ein Beet anlegen und die Küchenkräuter selbst züchten,
- Tennistrainerstunden nehmen (auch wenn sie sündhaft teuer sind),
- sich ein todschickes Abendkleid kaufen und ein rauschendes Fest feiern ...

Nun haben Sie Gelegenheit, sich zu notieren, was Sie sich selbst mehr gönnen möchten. Nehmen Sie sich etwas Zeit dafür. Es geht schließlich um Sie und Ihr Wohlbefinden.
Das gönn' ich mir in Zukunft

pro Tag: ....

....

pro Woche: ....

....

pro Monat: ....

....

Haben Sie sich gerade dabei ertappt, zu denken: „Wenn ich so viel zu tun habe, dann kann ich doch jetzt nicht ... Später, wenn ich mehr Zeit habe, werde ich ... tun“. Dann sollten Sie sich innerlich energisch „Stopp“ zurufen. Später - ist kein Argument. Ihr Körper vergißt Anspannung und Streß nicht. Er wird es Ihnen danken, wenn Sie ihm eine Ruhepause gönnen. Danach werden Sie leistungsfähiger sein.

- Wenn Sie nicht regelmäßig selbst nett zu sich sind, dann müssen Sie darauf warten, daß andere es tun - häufig vergebens.

- Schauen Sie ab und zu in den Spiegel - nicht auf Falten und Haare - sondern in die Augen und sagen sich: „Ich mag Dich!“ Das wirkt Wunder.

und noch etwas ...

- Sich selbst etwas zu gönnen, muß man sich nicht verdienen! Sie müssen nicht erst Höchstleistungen vollbringen, ehe Sie sich etwas Gutes tun.

- Rotieren Sie am Abend, wenn Sie nach Hause kommen, nicht gleich weiter, indem Sie bügeln, putzen, kochen, etc. Sie haben einen langen Tag hinter sich und Ihr Körper benötigt eine Pause. Sie können nicht gleichzeitig Karriere machen und eine perfekte Hausfrau sein, wie es Ihnen vielleicht Ihre Mutter vorgelebt hat. Es gibt Putzfrauen, Reinigungen, Fensterputzer, Haushaltshilfen, die Ihnen gerne zur Hand gehen. Sie sind dennoch eine vollwertige Frau, die jedoch Ihren Schwerpunkt auf die berufliche Laufbahn gelegt hat und nicht auf den

Haushalt. Von einem Mann wird auch nicht erwartet, daß er den Haushalt alleine und perfekt führt.

Manche Ziele erfordern, daß man sich „voll reinkniet". Auch wenn dabei persönliche Bedürfnisse zeitweise auf der Strecke bleiben. Sie wollen per Abend- und Wochenendstudium eine Marketing-Zusatzausbildung oder einen Spanisch-Intensivkurs absolvieren, um Ihre Beförderungschancen zu verbessern. Man hat Ihnen ein spannendes Projekt angeboten (selbstverständlich zusätzlich zur Routinearbeit), mit dem Sie sich profilieren können. Als Freiberuflerin steht Ihnen ein Riesenauftrag ins Haus. Der wird Ihr Renomee beträchtlich heben - mindestens sechs Monate lang Verzicht auf Urlaub, Wochenende und jedwede Freizeit ist der Preis.

- Entscheiden Sie vorher und zwar ganz bewußt, ob die Situation es wert ist. Fragen Sie sich, ob Sie es wirklich wollen oder ob Sie bloß Angst haben, „nein" zu sagen.

- Lautet die Antwort auch nach reiflicher Gewissensprüfung „ja", dann planen Sie schon jetzt eine Erholung (Urlaub) für den Abschluß dieses Vorganges ein. Sie haben damit auch gleich etwas, worauf Sie sich freuen können.

- Fragen Sie sich weiter, ob Sie nicht wenigstens einen kurzen täglichen Spaziergang in Ihr volles Programm einfügen können; oder ein kurzes Entspannungsprogramm (siehe nächstes Kapitel).

- Versuchen Sie sich abends wirklich zu entspannen, anstatt sich, per „zapping" noch mit fünf Fernsehsendungen (und der damit verbundenen Informationsflut) weiter zu belasten. Und gönnen Sie sich trotzdem jeden Tag zumindest einen Punkt von Ihrer „Das gönn' ich mir"-Liste.

15. Entspann' mal wieder!

Entspannung ist, neben gesunder Ernährung und sportlicher Betätigung, das wichtigste Anti-Streß-Mittel. Viele wissenschaftliche Experimente belegen, daß die Wirkung der Streßhormone durch Entspannung und Meditation tatsächlich abgeschwächt wird. Und zwar bereits bei Anfängern auf diesem Gebiet. Der Methoden gibt es viele ... Welche ist nun für Sie persönlich am besten geeignet? - Nehmen Sie sich hierfür bitte nochmals Fragebogen 1 (Kapitel 2) vor.

Die Streßsymptome, die im Fragebogen aufgelistet sind, lassen sich drei unterschiedlichen Bereichen zuordnen:

1. Kognitive Ebene
Dieser Streß äußert sich sozusagen „im Kopf". Man kann nicht abschalten, fühlt sich überfordert, macht sich Sorgen, etc.

2. Motorische Ebene
Streß wirkt sich auf unsere Muskeln aus, sodaß es zu Nakken- oder Schulterschmerzen oder allgemein zu Verspannungen kommen kann.

3. Vegetative Ebene
Streß beeinflußt auch unser vegetatives Nervensystem. Damit werden „unbewußte“ Körperfunktionen (Schwitzen, Atmen, die Verdauung, u.a.) gesteuert. Auf dieser Ebene führt Streß z.B. zu Durchblutungsstörungen oder zu Verdauungsstörungen.

Die meisten Menschen haben ein individuelles, sozusagen persönlich „bevorzugtes“ Reaktionsmuster auf Streß. Der einen schlägt‘s eher auf den Magen, der anderen knackt im Sitzen die Wirbelsäule. Eine qualitative Auswertung des Fragebogens 1 (siehe folgenden Absatz) zeigt Ihnen, welcher Reaktionstyp Sie sind, wo sich bei Ihnen der Streß zuerst/am häufgsten/am stärksten auswirkt. In diesem Bereich sollten Sie in Zukunft besonders nett zu sich selbst sein!

Welcher Reaktionstyp sind Sie?

Nun wollen wir den Fragebogen 1 aus Kapitel 2 qualitativ auswerten. Gehen Sie bitte die 40 Punkte dieses Fragebogens nochmals einzeln durch. Von jedem Symptom, das auf Sie zutrifft, notieren Sie die entsprechende Aufgabennummer (1 - 40).

Im folgenden haben wir die drei Streßreaktions-Ebenen aufgeführt. Jede der einzelnen Fragen von Fragebogen 1 kann einer dieser drei Ebenen zugeordnet werden. Die dazugehörigen Aufgabennummern sind jeweils unter den Reaktionsebenen aufgelistet. Kreuzen Sie nun alle Nummern, die Sie aufgelistet haben, an. Bei welchem der drei Bereiche haben Sie die meisten Kreuzchen? Hier liegt Ihre bevorzugte Reaktionsbereitschaft.

1. motorische Reaktionsebene
Aufgabennummer 2 14 20 23 24 30 31 37 38 40

2. vegetative Reaktionsebene
Aufgabennummer 5 6 7 10 11 12 16 18 21 22 32 39

3. kognitive Reaktionsebene
Aufgabennummer 1 3 4 8 9 15 17 25 26 28 29 36

(Die Symptome 13, 19, 27, 33, 34, 35 gehen nicht in diese Auswertung ein.)

1. Motorischer Reaktionstyp

Sind Sie ein *motorischer Reaktionstyp*, d. h. haben Sie viele Streßsymptome aus diesem Bereich angekreuzt?

- Progressive Muskelentspannung nach Jacobsen wäre für Sie genau das Richtige.
- Die Ausführungen zur Sitzhaltung in Kapitel 17 sollten Sie sich besonders zu Herzen nehmen. Hier liegt sehr wahrscheinlich einer Ihrer Hauptstressoren!
- Ihre hohe Muskelanspannung können Sie auch sehr gut durch sportliche Betätigung abbauen.

Eine weitere Entspannungsübung, die sehr leicht einzusetzen und zu erlernen ist, ist die Spontanentspannungsübung, die wir Ihnen nun zuerst vorstellen möchten.

Entspannungsanweisung

Atmen Sie etwas tiefer ein, als Sie das gewöhnlich tun. Dann atmen Sie in einer Bewegung wieder aus, ohne den Atem nach dem Einatmen anzuhalten. Wenn Sie ausgeatmet haben, halten Sie Ihren Atem für ca. 6 bis 10 Sekunden an. Finden Sie selbst heraus, welche Zeit für Sie am angenehmsten ist. Zählen Sie in Gedanken von 1001 bis 1006 oder 1010.

Nachdem Sie den Atem angehalten haben, atmen Sie wieder ein, dann aus, und halten ihn dann für weitere 6 bis 10 Sekunden an.
Wiederholen Sie diese Atemübung für 2 bis 3 Minuten bzw. solange, bis Sie deutlich entspannter und ruhiger sind.

Das Jacobsen Entspannungstraining

Bei der systematischen Muskelentspannung forsten Sie, Stück für Stück, Ihren Körper durch. Sie lernen einzelne Muskeln erst anzuspannen und dann zu entspannen. Der Clou dabei ist: Durch den steten Wechsel zwischen bewußter Anspannung und bewußter Entspannung merken Sie erstmal, wo Ihre Verspannungen eigentlich liegen, und wie sich im Unterschied dazu ein entspannter Körper anfühlt. Diese Übung können Sie im Büro im Sitzen durchführen. Und: Jacobson hilft auch bei Einschlafstörungen. Sie erfordert erstens eine gewisse Konzentration, lenkt Sie also von Ihrem Gedankenkarussell ab. Sie ist zweitens so geistlos wie das Schäfchenzählen, das sich bekanntlich schon seit Generationen bewährt. Drittens verbrennt durch die Muskelanspannung ein Teil des bereits ausgeschütteten Adrenalins. Gleichzeitig üben Sie, sich zu entspannen, und können das im Alltag bald sehr effizient einsetzen.

Wenn Sie noch gar keine Erfahrung mit Entspannungsmethoden gemacht haben, sollten Sie mit der „Jacobsen-Entspannung“ oder der Spontanentspannungsübung beginnen. Sie können sie selbständig erlernen und sehr schnell anwenden - funktioniert praktisch sofort. Ein weiterer Vorteil besteht aus unserer Sicht darin, daß diese Entspannungsmethoden frei von jeglichem ideologischen Brimborium sind. Wenn Sie mit Hilfe einer der beiden

Methoden prima entspannt sind, können Sie sich immer noch den schwierigeren Künsten zuwenden.

Die Anleitung zur ‹Systematischen Muskelentspannung‹ gibt es auf Kassette zu kaufen. Es ist zu Anfang recht hilfreich, sich die Instruktion von außen geben zu lassen. Im Anhang finden Sie eine Adresse, bei der Sie die Muskelentspannung mit Musikuntermalung bestellen können.

2. Kognitiver Reaktionstyp

Sind Sie eher *kognitiv* gestreßt? Machen Sie sich Sorgen, Vorwürfe, können sich „vor lauter Streß" oft gar nicht mehr konzentrieren? Wenn Sie den ersten Teil dieses Buches gelesen haben, dann wissen Sie, woher das kommt. Sie phantasieren sich einen schrecklichen Tiger und lösen damit eine körperliche Streßreaktion aus. Folglich können Sie schlechter denken. Hinzukommt, daß jeder dieser sorgenvollen Gedanken Denkkapazität verbraucht, die Sie eigentlich für die Lösung der Aufgabe benötigen. Sie ziehen sozusagen Aufmerksamkeit ab. Es fällt Ihnen schwerer, effektiv zu arbeiten.

Blockaden existieren in unserem Kopf

Einen Großteil unserer Regeln und Einstellungen, nach denen wir unser Leben gestalten, haben wir in unserer Kindheit gelernt. Die Einstellungen laufen nahezu automatisch in unserem Kopf ab. Wir bemerken sie nur noch, wenn wir gegen sie verstoßen, bzw. sie bewußt verändern wollen.

Einige Einstellungen, die uns Frauen am meisten zu schaffen machen, sind:

1. Ich darf keinen Ärger zeigen, sonst ist der andere böse

und mag mich nicht mehr.

2. Wenn sich der andere verletzt oder gekränkt fühlt, bin ich schuld.
3. Wenn es anderen schlecht geht, muß ich ihnen immer helfen, sonst bin ich herzlos und egoistisch.
4. Ich muß eine perfekte Arbeitnehmerin/Chefin und Hausfrau/Mutter sein.
5. Wenn ich einen Fehler mache, bin ich eine Versagerin.
6. Wenn ich nicht hunderprozentig sicher bin, daß ich eine Aufgabe beherrsche, lasse ich es lieber ganz sein.
7. Wenn ich einen Fehler mache, werden alle anderen mich ablehnen. Das kann ich nicht ertragen.
8. Ich brauche die Anerkennung und Sympathie von anderen. Wenn ich sie nicht immer bekomme, bedeutet das, daß ich nicht liebenswert bin.
9. Wenn etwas schief läuft, ist das grundsätzlich mein Verschulden.

Haben Sie sich wiedererkannt? Dann leiden Sie wahrscheinlich zeitweise unter Minderwertigkeits- und Hilflosigkeitsgefühlen, starker Anspannung, Schuldgefühlen, Depressionen und dem Gefühl, vor Ärger platzen zu müssen. Sie übertreiben die Konsequenzen Ihres Verhaltens, Ihre Verantwortlichkeit für die Geschehnisse der Welt, stellen unrealistische Anforderungen an sich und denken nach dem Alles-oder-Nichts-Prinzip. Was fangen wir nun mit dieser Erkenntnis an? Wir können unser Gehirn mit einem Computer vergleichen, die Regeln und Einstellungen mit der Software. Sie haben sozusagen im Augenblick eine falsche Software geladen und wundern sich maßlos, daß Sie immer falsche Ergebnisse erhalten. Wie wäre es, wenn Sie in Ihren Computer eine neue Software einlesen würden? Diese (kursiv geschrieben) könnte folgendermaßen aussehen:

1. Ich darf keinen Ärger zeigen, sonst ist der andere böse und mag mich nicht mehr.

Auch ich darf mich mal ärgern. Der andere ist sauer? Das kann ich ertragen.

2. Wenn sich der andere verletzt oder gekränkt fühlt, bin ich schuld.
Für Deine Gefühle bist Du selbst zuständig. Sei ruhig beleidigt.

3. Wenn es anderen schlecht geht, muß ich ihnen immer helfen, sonst bin ich herzlos und egoistisch.
Ich bin nicht Mutter Theresa. Wenn ich keine Lust oder Kraft habe, helfe ich nicht!

4. Ich muß eine perfekte Arbeitnehmerin/Chefin und Hausfrau/Mutter sein.
Niemand ist perfekt. Weniger Streß geht nur ohne Perfektionismus.

5. Wenn ich einen Fehler mache, bin ich eine Versagerin.
Jeder macht Fehler. Man muß nur aus ihnen lernen, statt sich durch Vorwürfe selbst ans Kreuz zu nageln.

6. Wenn ich nicht hundertprozentig sicher bin, daß ich eine Aufgabe beherrsche, lasse ich es lieber ganz sein.
An seinen Aufgaben und Fehlern wächst der Mensch und ich will nicht stehenbleiben.

7. Wenn ich einen Fehler mache, werden alle anderen mich ablehnen.
Nur Blödmänner werden mich nach einem Fehler für alle Zeiten ablehnen.

8. Ich brauche die Anerkennung und Sympathie von anderen. Wenn ich sie nicht immer bekomme, bedeutet das, daß ich nicht liebenswert bin.
Selbst wenn ich der netteste Mensch der Welt wäre, gäbe es immer jemanden, der mich nicht mag. Damit

muß und kann ich leben!

9. Wenn etwas schief läuft, ist das grundsätzlich mein Verschulden.
   Wollen wir doch mal sehen, wer oder was schuld war. Wenn ich es war, stehe ich für meinen Fehler ein, aber ich ziehe mir keinen fremden Schuh an.

Wie ist es Ihnen beim Lesen der neuen Software ergangen? Gab es Widersprüche in Ihnen? Das ist in Ordnung. Ihre innere Rebellion zeigt, daß Sie bisher anders gedacht haben und sich auch anders verhalten haben. Lesen Sie sich die neuen Gedankengänge nochmals durch und überlegen Sie, in welchen Situationen Sie sich anders verhalten könnten und besser fühlen würden, wenn Sie so denken würden. Lohnt es sich nicht, dafür die alte Software mit der neuen zu überspielen? Wenn ja, rechnen Sie mit Fehlern und Rückschritten. Es braucht Zeit und Übung, die neue Software zur Gewohnheit werden zu lassen.

- Als Kognitiver Reaktionstyp wäre es für Sie ideal zu meditieren, d. h. sich bewußt geistig zu entspannen.

- Gedanken-Stopp hilft gegen Konzentrationsstörungen und Katastrophen-Gedanken (z.B. „Das geht bestimmt schief!“ Das wird eine Katastrophe!“). Sie sagen sich bewußt „Stopp“ und zwingen sich anschließend, an etwas anderes zu denken bzw. sich wieder auf die eigentliche Aufgabe zu konzentrieren. Nach einiger Zeit hilft Ihnen das Stopp-Signal sofort beim „Abschalten“.

- Haben Sie sich schon einmal überlegt, über wie viele zukünftige Katastrophen Sie sich umsonst in Spannung versetzt haben? Sie haben Ihren Körper vergebens bereit zum Kampf oder zur Flucht gemacht, weil die Katastrophe eben nur in der Phantasie eingetroffen ist und in

Wirklichkeit das Leben ganz normal verlief. Deshalb ist es ganz sinnvoll für Sie, mal zu überprüfen, wie wahrscheinlich es ist, daß Ihre Katastrophe eintreffen wird. Ständig über unwahrscheinliche Katastrophen nachzudenken, ist vergeudete Energie!

- Hilfreich ist es auch, phantasierte Katastrophen zu Ende zu denken. Fragen Sie sich: „Was wäre, wenn diese Katastrophe tatsächlich eintreffen würde? Wäre das wirklich so schlimm oder hätte ich dann noch Handlungsmöglichkeiten? Gerate ich in Lebensgefahr? Fast immer stellt sich heraus, daß diese 'Katastrophe' für das weitere Leben kaum entscheidend ist.
  Wenn Sie zu Gedankensprüngen neigen, ist es sogar empfehlenswert für Sie, diese Fragen schriftlich zu beantworten.

3. Vegetativer Reaktionstyp

Wer bevorzugt mit *vegetativen Streßreaktionen* aufwartet, für den wäre Autogenes Training geeignet.

- Sicher haben Sie schon mal etwas von Autogenem Training gehört. Im Prinzip geht es darum, sich vorzustellen, daß einzelne Körperteile „warm und schwer" werden. Ein entspannter Körperteil ist gut durchblutet und fühlt sich daher warm und schwer an. Beim Autogenen Training zäumt man also sozusagen das Pferd von hinten auf, indem man das Gefühl der Wärme und Schwere suggeriert und dadurch eine Entspannung herbeiführt.

Um das Autogene Training oder die Meditation zu erlernen, besuchen Sie am besten einen Kursus. Die meisten Volkshochschulen haben diese im Programm.

Teil III
Ansatzpunkt Situation

16. Mein Leben durch die Streßbrille

Gott gebe mir die Gelassenheit, Dinge hinzunehmen, die ich nicht ändern kann, den Mut, Dinge zu ändern, die ich ändern kann, und die Weisheit, das eine vom anderen zu unterscheiden. Christof Friedrich Oetinger (1702 – 1782)

Wir meinen: Es ist nicht nötig, darauf zu warten, daß uns der liebe Gott zu dieser – zweifellos nützlichen – Einsicht verhilft.

- Kritische Selbstreflektion (Was kann ich? Welche Kräfte habe ich?),
- eine realistische Einschätzung der Situation (änderbar oder nicht?)
- und den Mut, daraus die richtigen Konsequenzen zu ziehen,

können und sollten wir selbst erlernen.

Wir Frauen neigen dazu, uns an widrige Zustände anzupassen, anstatt aktiv diese äußeren Ursachen von Streß anzugehen. Viel zu oft denken wir, daß Dinge unabänderliches Schicksal sind. Viel zu schnell begeben wir uns mit zusammengebissenen Zähnen daran, es „irgendwie zu schaffen". Das Problem dabei: Die (stressige) Umwelt ändert sich nicht im geringsten!

Jeder Mensch verfügt über eine gewisse Kapazität an Tatkraft. Wird diese Kapazität ständig überschritten, weil einfach zuviele äußere Stressoren in der Umwelt sind, geht's an die Substanz. Mit Müsli und Waldlauf, sprich mit gesunder Ernährung und körperlicher Betätigung, können Sie zwar Ihren Puffer vergrößern – aber irgendwann ist Schluß!

Wo liegen Ihre größten Stressoren, wo lauern für Sie die gefährlichsten Tiger? Am Arbeitsplatz, im Privatbereich oder – typisch weiblich – in der Doppelbelastung Beruf/Familie? Um Ihnen den Einstieg zu erleichtern, haben wir einen kurzen Fragebogen konstruiert. Dieser dient auch als Wegweiser, welches der folgenden Kapitel Sie besonders aufmerksam lesen sollten. Betrachten Sie also Ihr Leben durch die „Streßbrille".

Fragebogen 8: Mein Leben durch die Streßbrille

Arbeitsplatz

Momentan belastet es mich besonders, daß...

- ich viele Stunden am Tag vor dem Computer sitze.
- ich den ganzen Tag in schlecht gelüfteten Räumen verbringen muß.
- ich an meinem Arbeitsplatz niemals allein und in Ruhe arbeiten kann.
  (Lesen Sie besonders aufmerksam Kapitel 17)

- ich ständig den Schreibtisch voller unerledigter Aufgaben habe.
- ich etwas zum ersten Mal machen muß.

- mir eine Aufgabe einfach zu schwierig ist.
- ich ständig auf Dienstreisen bin.
- ich ständig bei der Arbeit unterbrochen werde.
- ständig Arbeitsmaterialien fehlen oder Geräte nicht funktionieren.
- meine Aufgaben einfach zu langweilig sind.
- mir jeder in die Arbeit hineinredet.
  (Lesen Sie besonders aufmerksam Kapitel 18)

- ich praktisch keine Aufstiegschancen in meinem Betrieb habe.
- ich zu wenig verdiene.
- keiner meine Leistung anerkennt.
  (Lesen Sie besonders aufmerksam Kapitel 19)

- an meinem Arbeitsplatz ein schlechtes Betriebsklima herrscht.
- ich Ärger mit meinem Chef habe.
- ich kritisiert werde.
- ein Mitarbeiter oder Kollege sich mies verhält.
- ich mich ständig gegen sexuelle Attacken zur Wehr setzen muß.
- ich oft mit fremden Personen Kontakt aufnehmen muß.
  (Lesen Sie besonders aufmerksam Kapitel 20)

Privatbereich

Momentan belastet es mich besonders, daß...

- ich mit meiner Wohnung, meinem Haushalt nicht zufrieden bin.
- ein Umzug/ eine Wohnungsrenovierung ins Haus steht.
- ich keine guten Freundinnen habe.
- jemand, der mir nahesteht, krank ist oder gestorben ist.
- meine Partnerschaft kriselt oder in die Brüche geht.
- ich schwanger bin.

- mich jemand total vereinnahmt.
  (Lesen Sie besonders aufmerksam Kapitel 21)

Doppelbelastung Familie/Beruf

Momentan belastet mich besonders, daß

- in unserem Betrieb keinerlei familienfreundliche Maßnahmen (Teilzeitarbeit, Betriebskindergarten, Job–Sharing) existieren.
- meine Kollegen und Vorgesetzten keinerlei Verständnis für meine Situation als Mutter zeigen.
- man mir ständig ein schlechtes Gewissen wegen meiner (angeblich vernachlässigten) Kinder macht.
- mein Partner mich in keiner Weise bei der Hausarbeit unterstützt.
- ich ständig umschalten muß zwischen der Rolle als Hausfrau und Mutter und der Rolle der smarten Mitarbeiterin/Karrierefrau.
  (Lesen Sie besonders aufmerksam Kapitel 21)

Je mehr Kreuzchen Sie gemacht haben, desto mehr stehen Sie unter dem Einfluß äußerer Stressoren. Es lohnt sich wirklich, darüber nachzudenken, welche Stressoren sich beseitigen lassen, um eine dauerhafte Entlastung zu bewirken.

Dennoch geht die Rechnung: „Je mehr Kreuzchen, desto mehr Streß“ nicht ganz auf. Die Situationen, die Sie als Stressoren identifiziert haben, sind sicherlich nicht alle gleich stressig. So wird das Ereignis „Trennung vom Partner“ für die meisten von uns belastender sein als eine momentane Unzufriedenheit mit dem Haushalt.

Wichtiger als die Situation selbst ist unsere subjektive

Bewertung derselben: „Das finde ich schrecklich, jenes bewerte ich als weniger schlimm". Was die eine furchtbar belastet und nächtelang im Bett rotieren läßt, kostet die andere nur ein müdes Lächeln. Machen Sie sich also bitte klar, welche Situationen Sie persönlich als besonders belastend/schlimm empfinden.

Blättern Sie bitte nochmals zu unserem Fragebogen zurück. Überlegen Sie: Welcher der angekreuzten situativen Stressoren belastet Sie am meisten? Dieser Situation sollten Sie Ihre größte Aufmerksamkeit schenken. Was meinen Sie: Kann man den Stressor beseitigen oder zumindest „entschärfen"? Oder müssen Sie damit leben? Wie auch immer Ihre Entscheidung ausfällt, in den folgenden Kapiteln finden Sie viele Tips und Hinweise für Ihr weiteres Vorgehen. Vielleicht geben Ihnen unsere Ausführungen auch den Mut, mehr Stressoren aktiv anzugehen, als Sie im Moment noch für möglich halten. Das wünschen wir Ihnen jedenfalls!

17. Ergonomische Stressoren

Haben Sie Ihr Gewehr geschultert? Dann kann's ja losgehen! Wir werden uns einige Tiger vorknöpfen, die sich mit Vorliebe im Dschungel der Büros, Kantinen und Chefetagen herumtreiben. Wenn es gelingt, einige davon aufzuspüren, zu vertreiben oder zu erlegen, wird es Ihnen in Zukunft viel besser gehen.

Das menschliche Stammhirn löst eine Streßreaktion aus, wenn die Sinnesorgane Hitze, Kälte, Lärm, Gedränge oder eine „körperliche Zwangshaltung" melden. Unser Körper reagiert darauf mit einer Ausschüttung von Streßhormonen, mit einer Beschleunigung von Puls und Atemfrequenz und mit einem erhöhten Muskeltonus (Siehe Teil I des Buches). Doch wir nehmen das häufig nicht wahr – wie wir auch die Stressoren nicht bewußt wahrnehmen. Viel zu selten fragen wir uns:

- Wird dieses lästige Geräusch, das ich dauernd im Hintergrund höre, dazu führen, daß ich in einer halben Stunde auf hundertachtzig bin?

- Werde ich mich heute Abend hundeelend fühlen, weil die Heizung mir unterschwellig das Gefühl vermittelt, die anstehende Inventur nicht in Stuttgart, sondern im

Kongo durchzuführen?

- Sollte ich für meine Zugreise nicht besser ein 1.–Klasse–Abteil buchen, anstatt nach stundenlangem „Zusammengepferchtseins“ mit wildfremden Leuten völlig entnervt auf der Leipziger Messe anzukommen?

- Wird eine weitere Woche an diesem zu niedrigen Tisch (mit) daran Schuld sein, daß ich mich am Wochenende ächzend und kriechend vor Rückenschmerzen durch die Wohnung schleppe?

Wohlgemerkt – es geht nicht nur um Gesundheitsschäden, die durch zu großen Lärm oder einen falschen Biegungswinkel der Wirbelsäule (bedingt durch unergonomische Büromöbel) entstehen. Es geht hier auch um psychischen Streß! All diese ergonomischen Stressoren wirken unbewußt auf uns ein. Hinzukommen die bewußt identifizierten Stressoren. Beispiel: Mein Chef pflaumt mich an. Habe ich zuvor schon wegen des zirpenden Druckers und des Dauergewimmels im Großraumbüro kräftig Adrenalin ausgeschüttet, reagiere ich auf den bewußten Stressor doppelt genervt. Vielleicht fahre ich sogar aus der Haut oder breche in Tränen aus.

Halten wir fest: Ergonomische Belastungen erzeugen, sozusagen unter Umgehung unserer bewußten Wahrnehmung, Streß. Stressoren summieren sich: Je mehr dieser Belastungen unsere Umwelt enthält, desto streßanfälliger sind wir.

Deshalb ist es für unsere Streßbewältigung so wichtig, möglichst viele dieser unnötigen „Tiger“ zu erlegen. Wir haben dann wieder mehr Kapazität für Anforderungen, denen wir uns wirklich stellen müssen. Je mehr ergonomische Stressoren Sie beseitigen können, desto besser wird es Ihnen gehen!

Wer wie ein Fragezeichen hinterm Schreibtisch hängt ...

Die meisten Büromöbel sind nach einheitlichen Maßen angefertigt. Wenn Sie Glück haben, entsprechen Sie dem Normmenschen, für den Schreibtischhöhe und Neigungswinkel des Stuhls stimmen. Die Wahrscheinlichkeit, daß Sie kleiner oder größer als 1,68 m sind, ist jedoch ziemlich hoch. Und genau dann müssen Sie tätig werden.

Leiden Sie öfter unter Rückenschmerzen und/oder Verspannungen in Kreuz und Nacken? Ja? Wir möchten wetten, daß wir Sie im Seminar unter anderen Teilnehmerinnen, die diese Beschwerden nicht haben, herausfinden würden. In der Regel reicht es völlig aus, die jeweilige Körperhaltung im Sitzen und Stehen zu beobachten. Ein runder Rücken, hochgezogene Schultern und andauernd übereinandergeschlagene Beine führen immer zu Rückenschmerzen!

Gerade dann, wenn man lange am Schreibtisch oder hinter dem Steuer sitzt, rutscht man auf der Sitzunterlage unmerklich mit dem Po nach vorne. Der Oberkörper senkt sich und der Rücken bildet einen runden Katzenbuckel. Damit wird die Wirbelsäule, die eigentlich als S konstruiert ist, völlig falsch belastet. Auf Nacken und Kreuz wird verstärkt Druck ausgeübt. Besonders unter Streß kann das gefährlich werden.

Die Streßhormone bewirken eine Anspannung der Rükkenmuskulatur. Der Druck auf die (fehlhaltungsbedingten) falschen Stellen der Wirbelsäule nimmt zu. Bandscheiben und Wirbel werden überbeansprucht und es kann zu nachhaltigen Schädigungen der Wirbelsäule kommen. Typisch ist ein Bandscheibenvorfall, bei dem die Bandscheibe förmlich zwischen zwei Wirbeln herausgequetscht wird und dabei oft auf einen Nervenstrang drückt (sehr schmerzhaft).

Übrigens neigen vor allem Männer zu diesen Beschwerden. Die statistische Häufigkeit von Wirbelsäulen- und Bandscheibenschäden springt bei beruflich (Manager) und privat (Scheidung) stark beanspruchten Männern über vierzig Jahren sprunghaft in die Höhe. Das heißt aber nicht, daß wir Frauen uns besser (sitz-)halten. Sehr wahrscheinlich gehen wir nur früher zum Arzt.

Vermieden werden können diese Schäden mit der (nach dem bekannten Arzt benannten) Brügger-Sitzhaltung:

- Rutschen Sie mit dem Po weit nach hinten auf den Stuhl.

- Setzen Sie sich aufrecht hin, sodaß Ihre Schulterachse über der Beckenachse steht.

- Lassen Sie die Schultern locker zurückfallen.

- Halten Sie den Kopf aufrecht.

- Schlagen Sie die Beine nicht übereinander, sondern stellen Sie Ihre Füße mit der ganzen Sohlenfläche nebeneinander auf den Boden (leichte Auswärtsstellung der Zehen).

- Kontrollieren Sie Ihre Sitzhaltung immer wieder. Anfangs etwa alle fünf Minuten. Stellen Sie sich notfalls den Wecker!

- Achten Sie darauf, daß Ihre Büromöbel diese Haltung erleichtern und nicht behindern.

- Arbeiten Sie mit PC? Dann sollte der Bildschirm im Neigungswinkel so eingestellt werden, daß Sie nicht in Versuchung kommen, einen runden Buckel zu machen, um das Geschriebene besser im Blickfeld zu haben. Stellen Sie den PC auf eine feste, gerade Unterlage, wenn Sie auf diese Weise den Bildschirm in Augenhöhe befördern können.

Nur wenn die beschriebene optimale Sitzhaltung problemlos und bequem an Ihrem Arbeitsplatz einzunehmen ist, sind Ihre Möbel ergonomisch richtig. Ist dies trotz Verstellen der Sitzhöhe Ihres Stuhls nicht möglich? Das können Sie tun:

- Beantragen Sie neue Büromöbel in der Verwaltung Ihrer Firma. Legen Sie am besten ein Attest (Rückenbeschwerden) oder eine Empfehlung Ihres Hausarztes bei.

- Besorgen Sie sich (notfalls auf eigene Kosten) einen Fußschemel oder eine geeignete Sitzunterlage.

Auch der Balance-Stuhl (Knie-Hocker) kann Ihnen helfen, Rückenbeschwerden zu vermeiden. Die abgeschrägte Sitzfläche sorgt dafür, daß das Becken nach vorne gedreht wird und nicht nach hinten kippen kann. So bleibt auch beim Sitzen der Rücken aufrecht und die natürliche S-Form der Wirbelsäule erhalten.

Wetten, daß Ihre Rückenschmerzen besser werden, wenn Sie diese Regeln beachten!

Lärm

Das Bundesgesundheitsamt in Berlin (BGA) stellte fest, daß eine mittlere Lärmbelastung pro Tag, die über 70 Dezibel (dB) liegt, auf Dauer zu bleibenden Gehörschäden führt. Darunter können Sie sich wahrscheinlich wenig vorstellen. Hier ein paar Vergleichswerte: Flüstern oder leise Radiomusik entsprechen etwa 30–40 dB. Ein Walkman auf mittlerer Lautstärke produziert bereits 90 dB – auf voller Lautstärke sind es sage und schreibe 110. Das ist genauso laut wie ein Preßluftbohrer! Wer seine Ohren täglich diesem Lärm aussetzt, zerstört die empfindlichen Haarzellen im Innenohr, die den Schall in elektrische Impulse umwandelt und ans menschliche Gehirn weiterleitet. Sind diese Haarzellen einmal verwirbelt, verklumpt oder gar ausgerissen, ist der Mensch taub.

Wie laut klingelt eigentlich Ihr Telefon? Könnten Sie diese „Lärmquelle" nicht leiser stellen und würden dennoch jeden Anruf hören? Muß der Kopierer, dieses ewig ratternde Vorkriegsmodell wirklich in Ihrem Büro stehen? Können Sie tatsächlich nichts gegen die „Privatbaustelle" des frisch pensionierten Heimwerkers von nebenan tun? Wichtig ist die Unterscheidung zwischen kurzfristiger Lärmbelästung und Dauerlärm. Die Baustelle für ein halbes Jahr kann jeder Mensch ohne ernsthafte gesundheitliche Schäden überstehen. Wer jedoch ständig im Fabriklärm, in der Druckerei oder in unmittelbarer Nähe der Einflugschneise eines Großflughafens arbeitet, steht unter gefährlichem, körperlich-seelischem Dauerstreß.

Das können Sie bei vorübergehendem Lärm – wie z. B. der besagten Baustelle von nebenan:

- Vielleicht könnten Sie Ihre eigene Mittagspause so verlegen, daß sich wenigstens über Mittag in Ruhe und ungestört wichtige Arbeiten erledigen lassen?

- Nehmen Sie sich zumindest eine „stille Stunde" pro Tag, in der Sie Ihr Telefon umstellen und sich mit Oropax oder Kopfhörer abschotten.

- Überlegen Sie, ob ein vorübergehender Umzug im Haus möglich wäre, und stellen Sie einen (möglichst konkreten!) diesbezüglichen Antrag.

Bei Dauerlärm müssen Sie tätig werden – und zwar so schnell wie möglich!

- Versuchen Sie, wenn irgend möglich, die Lärmquelle aktiv zu beseitigen. Es muß doch einen Weg geben, den Brüllaffen im Nebenbüro zum Schweigen zu bringen!

- Arbeiten Sie darauf hin, selbst dauerhaft so weit wie möglich von der Lärmquelle entfernt zu werden. Stellen Sie einen mündlichen und schriftlichen Antrag und lassen Sie sich nicht abwimmeln.

Temperatur

Um Konzentration und Leistungsfähigkeit zu erhalten, ist ein leicht unterkühlter Raum empfehlenswert. Die optimale Raumtemperatur liegt bei 17 Grad Celsius. Verfügen Sie über einen eigenen Büroraum? Dann bekommen Sie den Stressor Hitze (und trockene Luft) in Zukunft problemlos in den Griff: Einfach die Heizung zurückdrehen und einen warmen Pullover überziehen!

Großraumbüro

Großraumbüros sind ein Import aus Ländern mit anderer Mentalität. Wir Mitteleuropäer sind extrem auf Individualismus geprägt und haben sehr schnell das unangenehme Gefühl, daß uns jemand auf der Pelle sitzt. Unser Raumbedürfnis ist erwiesenermaßen größer als das der Südländer oder Japaner. Das soll nicht heißen, daß Großraumbüros grundsätzlich Streß erzeugen. Manchen kommen sie sehr entgegen – vor allem dann, wenn ein gutes Betriebsklima herrscht. Ist letzteres jedoch nicht gegeben, kann das Großraumbüro zum Horrortrip werden. Es vereinigt eine Vielzahl potentieller Streßfaktoren: Lärm, Unruhe und sozialen Streß. Ohne Vorwarnung kann jeder jederzeit ins eigene Revier eindringen. Nie ist man ungestört, und als Rückzugsmöglichkeit ist die Damentoilette auf Dauer weder gemütlich noch produktiv.

Das können Sie tun:

- Sprechen Sie das Thema „Streß" mit Ihren Arbeitskolleginnen durch. Was halten Sie von dieser Absprache: Jeder hat eine „störungsfreie Stunde" am Tag. Zu dieser lassen ihn die Umsitzenden völlig in Ruhe und bedienen auch sein Telefon mit.

- Vielleicht können Sie durch Trennwände oder Grünpflanzen zumindest einen partiellen Sichtschutz sowie eine gewisse Geräuschdämpfung erreichen. Vorsicht: Sie bauen buchstäblich Barrieren auf, wenn Sie diese Maßnahmen nicht zuvor mit Ihren Kolleginnen absprechen!

18. Übersetzen Sie das bitte bis morgen ins Chinesische!

Wahrscheinlich bekommen Sie diesen Satz an Ihrem Arbeitsplatz nur selten zu hören. Falls aber doch, könnte es sein, daß Sie erheblich unter Streß geraten – vor allem dann, wenn Sie keine Chinesin sind!

Wie jeder arbeitende Mensch werden Sie gelegentlich auf Aufgaben stoßen, die Ihre Kompetenz oder Ihre Kräfte objektiv übersteigen. Es fehlt Ihnen an der richtigen Ausbildung. Sie wissen einfach nicht genügend. Sie halten eine anstrengende Arbeit physisch nicht durch. Kurzum: die Aufgabe ist zu schwierig für Sie. Das gibt es tatsächlich!

Ehe Sie sich daran machen, diesen Tiger zu erlegen, geben wir allerdings zu bedenken: Frauen neigen dazu, sich bestimmte Aufgaben von vornherein nicht zuzutrauen. Also Vorsicht! Sind Sie sicher, daß Sie es nicht können? Haben Sie es schon ausprobiert? Ein altes Sprichwort sagt: „An seinen Aufgaben wächst der Mensch!“, mit anderen Worten: „Wer sich nicht auch schwierigen, neuen Aufgaben stellt, bleibt auf dem Stand seiner (In)Kompetenz stehen. Und traut sich bald gar nichts mehr zu.“ Bevor Sie also vorschnell „Um Gottes willen, nein!“ rufen, überprüfen Sie sorgfältig:

- Kann ich das tatsächlich nicht?

- Welche Fähigkeiten und Fertigkeiten werden verlangt? Habe ich diese nicht vielleicht doch, oder kann ich sie mir in kurzer Zeit aneignen?
- Gibt es irgendwelche Hilfsmittel oder Berater, auf die ich zurückgreifen kann?
- Wie werde ich mich fühlen, wenn ein anderer/eine andere als ich die Aufgabe übernimmt und meistert?
- Wie werde ich mich dagegen fühlen, wenn ich es selbst schaffe?
- Wer kennt mich und den Auftrag gut genug, um mir bei der Beurteilung, ob ich es schaffen kann, zu helfen?

Sind Sie nach Beantwortung dieser Fragen zu dem Ergebnis gekommen, daß diese Aufgabe für Sie tatsächlich eine Nummer zu groß, zu anstrengend oder zu schwierig ist? Dann sollten Sie versuchen, den Auftrag loszuwerden oder so zu verändern, daß Sie ihn erfolgreich erledigen können. Dies gilt natürlich auch, wenn Sie schon seit einiger Zeit mit einer Aufgabe beschäftigt sind, die Sie einfach nicht mehr schaffen.

Fallbeispiel Maria:

Maria ist Ärztin. Sie arbeitet in einem modernen städtischen Großklinikum. Vor drei Monaten wurde sie in eine Station für krebskranke Kinder versetzt. Die meisten der Kinder leiden unter Leukämie (Blutkrebs). Obwohl die Heilungschancen für diese Krankheit in den letzten Jahren deutlich verbessert wurden, erlebt Maria fast täglich den Tod eines ihrer kleinen Patientinnen. Die meisten Kinder werden mit Chemotherapie behandelt und haben keine Haare mehr. Manche müssen künstlich ernährt werden. Viele haben Schmerzen. Einige Eltern kommen von weit her aus dem Ausland und haben ihr gesamtes Hab und Gut verkauft, weil sie auf eine letzte Chance für die Heilung ihres Kindes in der renommierten deutschen Klinik hoffen.

Maria: „Da ist z. B. der kleine Ali, der mit großen schwarzen Augen in seinem Gitterbettchen liegt. Kein Wort versteht er von dem, was all die fremden Menschen um ihn herum reden. Die Eltern reagieren nicht selten mit Tränenausbrüchen und Wut auf unsere Hilflosigkeit. Ich kann das nur zu gut verstehen – aber ich bin am Ende meiner Kräfte angelangt!"

Oft liegt Maria nachts stundenlang wach und denkt an ein sterbenskrankes Kind, dem man nicht mehr helfen kann. „Ich glaube", erzählt sie uns, „ich bin einfach überfordert! Am Anfang bin ich mit Optimismus und Einsatz bei der Sache gewesen. Ich habe mich um jedes Kind bemüht, so gut ich konnte. Jetzt schaffe ich es kaum noch, einen guten Kontakt zu den Kindern herzustellen – aus Angst, sie könnten sterben. Ich bin dann immer so traurig, als ob jemand in meiner Familie gestorben wäre. Meiner Kollegin geht das nicht so an die Nieren. Sie ist irgendwie robuster als ich. Aber ich kann es einfach nicht mehr aushalten. Ich habe beantragt, so bald wie möglich in eine andere Station versetzt zu werden. Vielleicht komme ich ja auch zurück. Aber jetzt muß ich erst mal wieder Kräfte tanken".

Für Maria ist die Aufgabe psychisch zu beanspruchend geworden. Auch hier haben wir es mit einem Phänomen zu tun, das Frauen stärker betrifft als Männer. Die amerikanischen Forscher Rothblum und Solomon(9) fanden heraus, daß Frauen von Unglücksfällen, die sie nicht unmittelbar betreffen, stärker beansprucht werden als Männer. Bei der Ärztin Maria ist es das Leid der Kinder und deren Eltern, das sie „Mitleid" im wahrsten Sinne des Wortes empfinden läßt. Aber auch der Rausschmiß einer Kollegin, der Mißerfolg des Chefs oder der Tod der Mutter des Freundes „streßt" Frauen mehr als Männer.

In jedem Fall ist die Konsequenz, die Maria aus ihrer psychischen Überbeanspruchung gezogen hat, richtig. Sie hat erkannt, daß ihr die Aufgabe zu schwierig geworden ist, und die Versetzung in eine andere Station des Krankenhauses beantragt. Wer auf Dauer über seine Kräfte lebt und arbeitet, klappt irgendwann zusammen. Damit hilft man niemandem – am allerwenigsten sich selbst!

Und noch etwas: Die Anerkennung seiner Grenzen und Schwächen hat nichts mit Niederlage und Versagen zu tun. Sie erstellen eine Bilanz, was Ihnen eine Aufgabe bringt und was Sie dafür bezahlen müssen. Ist die Aufgabe zwar von Ihnen zu bewältigen, aber der Preis auf Dauer zu hoch, wäre es unsinnig, sich dazu zu zwingen. Wem wollen Sie etwas beweisen? Für jeden Menschen gibt es Aufgaben, die ihm leichter oder schwerer fallen.

Jeder weiß es besser!

Fünfmal haben Sie bereits weiträumig den Supermarkt umkreist. Ein Parkplatz – endlich! Über Eck, nicht optimal, aber Sie behindern niemanden bei der Aus– oder Durchfahrt. Eine Politesse wird ja hoffentlich nicht gerade in den nächsten zehn Minuten auftauchen! Jetzt aber schnell: Die Läden machen gleich zu!

Sie kurbeln schnell Ihre Scheibe hoch und wollen losspurten, da taucht ein freundlicher Herr auf der Beifahrerseite auf und klopft ans Fenster. „Sie Fräulein, Ihr Auto steht da ganz schlecht!“...

Das geht an die Nerven, nicht wahr? Was muß sich der Affe einmischen! Dazu ist er noch so entwaffnend freundlich, als wär's ein Riesengefallen, den er einem gerade erweist: Du armes Weibchen kannst halt nicht richtig autofahren. Ich helfe dir ein bißchen und bewahre dich vor größtem Übel! Wie soll man da reagieren? Wegfahren –

womöglich noch mit einem süßsaueren „Danke für den Tip“? Aussteigen, ignorieren und den netten älteren Herrn kalt lächelnd im Regen stehen lassen? Zu langen, entnervenden, zeitraubenden Erklärungen ansetzen „Ja, Sie haben schon recht, aber ... bla bla bla“?

Wahrscheinlich wäre die oben beschriebene Szene einem Mann nicht passiert. Frauen ergeht es jedoch nur allzu häufig so. Jeder redet einem (natürlich wohlmeinend) in das, was man gerade tut, hinein. Besonders ärgerlich ist das am Arbeitsplatz: „Frau Müller, wenn ich Ihnen einen Tip geben darf ... Meinen Sie nicht, Sie sollten das lieber so und so machen?“

Fast immer sind es männliche Kollegen oder Chefs, die sich berufen fühlen, einen vor dem Schlimmsten zu bewahren. Dabei übermitteln sie pausenlos die Botschaft: Du machst das nicht richtig. Ich muß dir helfen, weil ich es besser weiß und kann! Würden die schlauen Ratgeber dasselbe bei einem Mann versuchen, gäbe es wahrscheinlich den größten Ärger. Männer lassen sich nicht so gern ungebeten in ihre Angelegenheiten hineinreden. Deshalb versuchen andere Männer das in der Regel auch nicht. Frauen dagegen sind willige Opfer:

- Sie ordnen sich schneller unter die (oft fragwürdige) Autorität Dritter unter.

- Sie lassen sich schnell verunsichern (der andere hat Recht, ich mache das alles ganz verkehrt!).

- Sie reagieren auch dann noch freundlich, wenn ihnen längst der „Kamm geschwollen“ ist.

All dies hängt mit unserer weiblichen Rolle zusammen, die in Teil II des Buches beschrieben wurde. Von einer Frau wird erwartet, daß sie sich gern helfen läßt. Ein Mann kann sich dabei überlegen fühlen, selbst wenn er es mit einer hochqualifizierten Fachfrau zu tun hat. Nimmt sie dankbar den Rat an, ist die Welt in Ordnung. Mann ist immer noch Mann und Frau ist immer noch Frau. Eine Frau, die sich das ständige Hineinreden in ihre Arbeit energisch verbietet, steht dagegen schnell als böser, unweiblicher Feger da. Der wohlmeinende Herr neben dem Auto fühlt sich ebenso vor den Kopf geschlagen wie der hilfsbereite Kollege, wenn frau zu verstehen gibt: „Kümmere Dich gefälligst um Deine eigenen Angelegenheiten!"

Natürlich ist es, anders betrachtet, auch eine Stärke von uns Frauen, daß wir Kritik annehmen können. Wir müssen nicht immer und überall unseren Kopf durchsetzen, sondern sind offen für Ideen und Anregungen anderer.

Trotzdem: Wir müssen unsere Umwelt, vor allem am Arbeitsplatz, dazu erziehen, uns nicht ungebeten in unsere Arbeit hineinzureden! Sagen Sie offen Ihre Meinung, wenn Ihnen der Kollege vom Vertrieb erklären will, wie Sie Ihr chemisches Versuchsdesign seiner Meinung nach umgestalten sollten: „Ich weiß, Du meinst es gut. Aber ich glaube, davon verstehe ich mehr! Wenn es um Probleme mit dem Vertrieb geht, frag' ich Dich gern um Rat".

Wenn Sie an Ihrem Arbeitsplatz die Erfahrung gemacht haben, daß Ihnen jemand immer wieder in Ihre Arbeit hineinredet, sollten Sie das hier notieren.

Wer redet mir ständig in meine Arbeit hinein?

....

Wie fühle ich mich dabei?

....

Was könnte ich ihm das nächste Mal erwidern?

....

Denken Sie bei Ihrer Erwiderung daran, daß ungebetene Ratschläge in der Regeln nicht in böser Absicht gegeben werden. Meist entspringen sie einem unreflektierten, überholten Rollenverhalten. Vielleicht kennen Sie den Ratgeber gut genug, um auch das offen anzusprechen. Sagen Sie ihm, daß er Ihnen mehr hilft, wenn er abwarten kann, bis Sie ihn selbst um einen Rat bitten.

Wenn Sie unsicher sind, wie Sie einen Konflikt klären, lesen Sie besonders Kapitel 20.

Ja bitte, Sie wünschen ...

..., so könnte die Frage von Julianes Freund beim Öffnen der Tür lauten. So selten haben sich die beiden in letzter Zeit gesehen. Als Außendienstmitarbeiterin ist Juliane seit einem dreiviertel Jahr nur noch tage- manchmal stundenweise zuhause aufgetaucht. Dann war sie bereits wieder unterwegs nach Dresden, Hamburg, Stuttgart ... Das häufige Reisen („der Duft der großen, weiten Welt") hatte Juliane anfangs als Pluspunkt ihres neuen Jobs betrachtet. Mittlerweile geht es ihr ziemlich auf die Nerven.

Julianes Beziehung hat gelitten. Ihr Freund beklagt sich, er kenne sie nur noch vom Hörensagen. In letzter Zeit war er des öfteren nachts nicht in der gemeinsamen Wohnung zu erreichen. Vielleicht geht er fremd. Vielleicht mißtraut ihm Juliane nur, weil sie selbst unterwegs so häufig „angemacht" wird. Sie weiß es nicht.

Juliane hat kaum noch Freundinnen, nur noch Kolleginnen und flüchtige Bekanntschaften. Mit denen kann sie sich aber nie offen aussprechen. Immer muß sie eine freundlich–distanzierte Maske tragen und oberflächliche oder geschäftliche Themen besprechen.

Auf ihren Reisen beginnt sich Juliane zunehmend über Benachteiligungen und Vorurteile zu ärgern, die alleinreisenden Frauen unterschwellig entgegengebracht werden. Im Restaurant wird sie später und oft flapsiger bedient. Der Hotelportier vergißt ausgerechnet sie rechtzeitig telefonisch zu wecken. Im Hotelschrank sind wieder nur zwei Hosenbügel – wohin mit ihren vier Kostümen? Und nach dem Abendessen hat Juliane „Zimmerarrest", denn eine Frau, die sich nach 22.00 Uhr allein an der Bar sehen läßt, wird als Freiwild betrachtet.

Die ständigen Ortswechsel und fremden Hotelbetten geben Juliane das Gefühl der Heimatlosigkeit. Sie schläft schlecht und hat Verdauungsbeschwerden (meist Verstopfung). Schlaf– und Abführmittel sind daher ihre ständigen Begleiter geworden.

Verspätungen und Wartezeiten an Flughäfen und Bahnhöfen zwingen Juliane, endlos lange Stunden in der anheimelnden Atmosphäre von leicht angedreckten Plastikstühlen und überquellenden Aschenbechern zu verbringen. Fast–food aus der Tüte und Kaffee aus dem Automaten runden das triste Bild ab.

Aber was tun, wenn es Ihnen wie Juliane geht? Es stellt sich aufs neue unsere Eingangsfrage: Will und kann ich die Situation ändern? Im Klartext: Ist es beispielsweise möglich, meinen Chef darum zu bitten, mich von den ständigen Dienstreisen zu entlasten (indem ich in eine andere Abteilung versetzt werde)? Oder muß ich mit der Situation leben? Welche Möglichkeiten gibt es dann, um meinen Streß möglichst gering zu halten?

Machen Sie Ihre Entscheidung für oder gegen das ständige Vagabundendasein nicht (nur) davon abhängig, was Ihr Chef will. Sie leben schließlich Ihr Leben und nicht das Ihres Chefs oder Ihrer Firma! Setzten Sie sich Ihr eigenes Limit:

- Ich mache höchstens XY Tage Außendienst im Jahr,
- ich mache längstenfalls noch XY Wochen weiter wie bisher,
- ich verlange mindestens XY Wochen mehr Freizeit, wenn ich weitermachen soll wie bisher.

Sprechen Sie darüber mit Ihrem Chef. Aber: Nur wenn Sie selbst wild entschlossen sind, ein Ende mit Schrecken dem Schrecken ohne Ende vorzuziehen, können Sie überzeugend und angstfrei auftreten. Und nur dann können Sie, wenn Sie mit Ihrem Chef nicht einig werden, die Energie aufbringen, sich einen neuen Arbeitsplatz zu suchen.

Sind Sie zu dem Schluß gekommen, mit den häufigen Dienstreisen leben zu wollen oder zumindest zu können? Wir haben einige Tips für Sie zusammengetragen, die unter dem Motto stehen: „Den Reisestreß in Grenzen halten".

- Reisen Sie mit der Bahn grundsätzlich erster Klasse (s. hierzu Kapitel 17).

- Verschaffen Sie sich auch und gerade auf Reisen Bewegung. Packen Sie immer einen Badeanzug ein und drehen Sie morgens ein paar Runden im Hotel-Pool (ist bekanntlich sehr gesund!). Versuchen Sie, zumindest eine Stunde am Tag, dem klimatisierten, neonbeleuchteten Hotelambiente zu entfliehen und „Frischluft zu tanken".

- Achten Sie auf gesunde Ernährung. Die meisten Hotels bieten Müsli und Obst zum Frühstück sowie eine Salatbar und Vegetarisches zu den Mahlzeiten an. Das Motto lautet: Balaststoffe statt Abführmittel!

- Kampf den frauenfeindlichen Hotels: „Doch! Es macht mir sehr wohl etwas aus, neben der Toilette/über der Disko/im (renovierungsbedürftigen) Nebentrakt zu schlafen.“ Von Ihren selbstbewußt vorgetragenen Beschwerden profitieren (vielleicht) auch andere geschäftsreisende Geschlechtsgenossinnen.

- Halten Sie Kontakt zu Freundinnen. Wir wissen aus eigenem, jahrelangen Trainerinnendasein, wie schwierig das ist! Versuchen Sie dennoch, wenigstens ein oder zwei Freundinnen regelmäßig anzurufen und zu treffen. Zu Beginn eines Vagabundenlebens freut man sich: „Endlich mal ein Wochenende allein zuhause!“ Später fällt einem die Decke auf den Kopf, aber es gibt niemanden mehr, den das interessieren würde.

- Steigern Sie sich bloß nicht in einen Eifersuchtswahn hinein! Es ist kein Zeichen von Liebe, sondern von Einfallslosigkeit, wenn „er“ jeden Abend allein vorm Fernseher verbringt. Wer die wenigen gemeinsamen Stunden mit Eifersüchteleien vergiftet („Aber ich weiß ganz genau, daß du Mittwoch um halb zwei noch nicht zuhause warst!“), ist selbst schuld!

19.
Über Geld spricht frau nicht!

Auch am Ende des zwanzigsten Jahrhunderts ist es nicht selbstverständlich, daß Männer und Frauen für die gleiche Leistung die gleiche Anerkennung erhalten. Frauen werden benachteiligt, sei es im Hinblick auf Verdienst oder Aufstiegschancen. Ein ärgerlicher und beschämender Zustand, der sich im Berufsalltag als belastender Stressor auswirken kann.

Wem schwillt nicht der Kamm, wenn das dienstunerfahrenere freundliche Würstchen (männlichen Geschlechts), das man vor einem Jahr selbst noch angelernt hat, die Karriereleiter hinauffällt – während man selbst trotz zweifellos vorhandener Kompetenz an seinem Stuhl festgeklebt scheint?

„Spuk! Teufelswerk!“, möchte man ausrufen, wenn einem der Verwaltungsangestellte Müller ungerührt erklärt, daß man die magische Grenze zur Befreiung von der gesetzlichen Pflichtversicherung um 78,25 DM verfehlt hat. Alle männlichen Kollegen sind natürlich längst privatversichert!

Über Geld – also das, was jeder monatlich auf dem Computerausdruck der Gehaltsabrechnung vorfindet – spricht man nicht. Und frau natürlich schon gar nicht. Auch über die persönliche Kränkung, das Gefühl der Demotivierung und Verunsicherung, wenn das inkompetente Würstchen einen locker überholt und sich als neuer Chef zu ungeahnter Größe aufbläht, mag frau kaum reden. Und denkt: „Welch erbarmungswürdiger Wurm muß ich sein, wenn der Chef diese Flasche für förderungswürdig hält, während ich ihm für den Posten gar nicht erst in den Sinn gekommen bin!"

Stolz und Verunsicherung hindern uns daran, den oder die Verantwortlichen für eine solche Personalpolitik zur Rede zu stellen. Das Ergebnis: Die wahren Gründe für die schlechteren Einstellungs–, Aufstiegs– und finanziellen Chancen von Frauen im Berufsleben bleiben im Dunklen. Statt dessen schreiben Frauen sich den Mißerfolg nicht selten selber zu: „Na klar, ich bin halt doch noch schlechter, als ich dachte. Ich habe mich offenbar überschätzt!"

Eine Einstellung wie diese trägt nicht gerade zum eigenen Wohlbefinden bei. Sie ist außerdem die denkbar schlechteste Grundlage für ein selbstsicheres Auftreten. Und genau das benötigen Sie, wenn Sie Ihren (Personal)chef davon überzeugen wollen, daß Sie kompetent und förderungswürdig sind! Kein Wunder also, daß mangelnde Aufstiegschancen, fehlende Anerkennung von Leistung und zu niedrige Bezahlung von Frauen so häufig als Stressoren am Arbeitsplatz genannt werden. Hier einige der traurigen (wissenschaftlich belegten) Fakten:

- Für die Entstehung von psychischem und physischem Streß am Arbeitsplatz sind u.a. geringere Handlungs– und Entscheidungsspielräume verantwortlich, die den Frauen in ihren (meist niederrangigen) Tätigkeiten zugestanden werden(10).

- Quantitative Überforderung (viel zu viel zu tun) bei gleichzeitig qualitativer Unterforderung (aber nichts davon ist anspruchsvoll oder interessant) von Frauen führt zu Intelligenzabbau, Minderwertigkeitsgefühlen und Streß. Dabei müssen Frauen meist unter Zeitdruck und ohne ausreichende Regenerationsphasen arbeiten.

- Äußerlich sehr weiblichen Frauen wird im Berufsleben weniger zugetraut und objektiv meßbar weniger Verantwortung und Kontrolle übertragen. Dies begünstigt die Entwicklung von gelernter Hilflosigkeit und Depressionen(4) (vgl. Kap 9).

- Im mittleren Management gibt es etwa 8 – 11 Prozent Frauen, im Top Management sind es unter 6 Prozent. Es liegt daher in der Natur der Sache, daß die Spielregeln der Arbeitswelt überwiegend an der männlichen Rolle und an männlichen Interessen orientiert sind(11).

- Die Tätigkeiten der Männer sind in der Regel qualitativ höher angesiedelt, inhaltlich interessanter und werden als weniger psychisch und physisch beanspruchend erlebt als die von Frauen(12).

- Bei einer anonymen Befragung, die wir selbst durchgeführt haben(13), gaben die Personalchefs nahezu einhellig zu: Frauen werden bereits bei der Bewerbung um qualifizierte Positionen benachteiligt. Der Hauptgrund aus Personalleitersicht ist ein möglicher Ausfall durch Schwangerschaft und vor allem durch Erziehungsurlaub. Soziale Maßnahmen zum Schutz der Familie seitens des Gesetzgebers werden somit zum Bummerang für karrierewillige Frauen.

- Frauen, die bei Bewerbungsgesprächen viel Make-up verwenden, haben schlechtere Einstellungschancen! Dieses Studienergebnis bezieht sich auf qualifizierte Stellungen, die jedoch keine typischen Frauenberufe, wie z.B. Chefsekretärin, sind(14). Die Assoziation zu

„weiblich" (attraktiv, feminin) schlägt also sehr leicht in das Vorurteil „Weibchen" (inkompetent, hilflos und dumm) um.

Diese Liste ließe sich beliebig lange fortsetzen. Doch es hat wenig Sinn, über all die Mißstände (nur) zu jammern. Fühlen Sie sich betroffen? Dann haben Sie diese drei Möglichkeiten zu reagieren:

1. Sie versuchen, an Ihrer Situation etwas zu ändern.

- Sie fordern mehr Gehalt. Dabei begeben Sie sich weder in die Rolle einer unterwürfigen Bittstellerin noch in die einer zornigen Rächerin. Als qualifizierte Mitarbeiterin begründen Sie mit zwei, drei (nicht mehr, sonst klingt es nach Rechtfertigung!) sachlichen Argumenten Ihren berechtigten Anspruch.

- Wenn Sie dazu neigen, sich klein zu machen, und nur Ihre Mißerfolge zählen, statt Ihre Erfolge im Auge zu behalten, sollten Sie zunächst mit einer guten Freundin zusammenstellen, was Sie bisher schon alles für die Firma geleistet haben und miteinbringen, um sich selbst sicherer zu fühlen bei der Verhandlung.

- Sie treten energisch für Ihr berufliches Fortkommen ein, anstatt passiv, vergeblich und jahrelang auf „Entdecktwerden" („Irgendwann müssen die anderen doch sehen, was ich alles leiste ...") zu hoffen.

- Sie geben sich nicht mit „Pseudobeförderungen" zufrieden. Allzuoft lassen sich Frauen z. B. in die Sackgassenlaufbahn einer „Leiterin des Projekts XY" drängen, ohne daß klar wäre, wie's nach erfolgreichem Abschluß dieses Projekts weitergehen soll.

- Sie treten offensichtlichen Vorurteilen gegenüber der

Leistungsfähigkeit und Kompetenz von Frauen am Arbeitsplatz entschieden entgegen, anstatt wie bisher den Mund zu halten, weil „es sowieso nichts bringt ....“.

- Sie engagieren sich in politischen Gremien und Frauenförderkreisen innerhalb und außerhalb Ihrer Firma. Leider tun dies heute noch viel zu wenige Frauen!

- Sie leben nach dem Motto: „Was ich mir gefallen lasse, daran bin ich selber schuld!“, anstatt ständig zu jammern, aber letztlich doch nichts zu tun.

2. Sie suchen sich einen anderen Arbeitsplatz.

   Diese Strategie erscheint uns dann sinnvoll und notwendig, wenn

- Sie erkannt haben, daß alle Bemühungen um eine Beförderung, mehr Entscheidungsspielraum oder mehr Lohn erfolglos bleiben und/oder

- eine frauenfeindliche oder frauenverachtende Atmosphäre im Unternehmen herrscht.

3. Sie finden sich damit ab, daß Ihre Möglichkeiten, Karriere zu machen oder gut zu verdienen, begrenzt sind.

Das setzt allerdings voraus, daß Sie wirklich mit diesem Zustand leben können oder wollen! Wer dann noch jammert, ist – wie gesagt – selbst schuld!

Nutzen Sie die Gelegenheit, hier und jetzt darüber nachzudenken, ob Sie sich durch fehlende berufliche Perspektiven, zu geringe Bezahlung oder mangelnde Anerkennung „gestreßt“ fühlen.

Ja, trifft zu: Mich stört, daß..

....

Welche Maßnahmen gibt es theoretisch, um diesen Zustand zu ändern?

....

....

Betrachten Sie es mal so: Lohnt es sich nicht doch, kurzfristig Streß in Kauf zu nehmen, um die Situation zu verändern? Anstatt sich langfristig immer wieder und immer mehr zu ärgern?

Wenn Sie nichts unternehmen, sind die Chancen sehr hoch, daß alles beim alten bleibt. Wenn Sie Ihren Mund aufmachen, gehen Sie das Risiko ein, daß Ihre Botschaft auch nicht zu einer Veränderung der Bedingungen führt. Sie können sich jedoch dann auf jeden Fall auf die Brust klopfen: Sie haben alles getan, was in Ihrer Macht steht, statt sich wie ein Seligmannscher Hund klaglos Ihre Stromschläge abzuholen.

20. Dicke Luft am Arbeitsplatz

Allein der Anblick Ihres Bürogebäudes am Montagmorgen löst unangenehme körperliche Gefühle aus. Genauso endlos wie der Gang, den Sie entlangtrotten, scheint sich die kommende Woche zu erstrecken. Heute ist erst Montag! Wie soll man das bloß bis Freitag aushalten! Dann biegt am Ende des Ganges Herr Holka um die Ecke. Das auch noch, der hat Ihnen gerade noch gefehlt! Schnell kramen Sie in Ihrer Tasche und blicken weg, um nicht mit Holka reden zu müssen. Die Stimmung ist einfach zu mies! Bis hierher kennen Sie die Geschichte. Doch wie geht's weiter?

- Vielleicht ist Herr Holka Ihr Chef, mit dem Sie seit einiger Zeit im Clinch (im Sinne von Streit) liegen. Und gleich nochmal ...
- Vielleicht ist Herr Holka Ihr Chef, mit dem Sie seit einiger Zeit im Clinch (im Sinne von Verhältnis) liegen.
- Oder Sie sahen am Ende des Ganges Ihren Mitarbeiter auftauchen, der, wie sich gestern herausstellte, fleißig an Ihrem Stuhl sägt (die linke Ratte!).
- Oder Herr Holka ist Ihr Kollege, mit dem Sie seit kurzem in heftiger Konkurrenz um die Nachfolge Ihres Chefs stehen.

Denkbar ist auch, daß Herr Holka irgendein Kollege aus dem Hause ist, mit dem Sie sich früher oft unterhalten haben. Sie haben gar nichts gegen ihn. Aber in letzter Zeit sind alle irgendwie verklemmt und unterschwellig aggressiv. Der Firma geht es nicht besonders gut. Trotz Umstrukturierung und Sanierung häufen sich in letzter Zeit die Versetzungen und Entlassungen. Täglich kursieren neue Gerüchte und Intrigen. Jeder versucht, seine Schäfchen ins Trockene zu bringen. Streber werden noch strebsamer: „Schau Chef, auf mich kann die Firma in diesen harten Zeiten keinesfalls verzichten." Intriganten sägen eifriger denn je an den Stühlen ihrer Chefs und Kolleginnen. Untergangspropheten aus dem Betriebsrat verkünden in der Kantine mit düsterem Gesicht und bebender Stimme die neuesten Hiobsbotschaften. Die Grundstimmung ist geprägt durch Angst, Mißtrauen und Aggression.

Egal, welche Variante Ihrer persönlichen Erfahrung am nächsten kommt - Sie wissen selbst, wie sehr man durch die „sozialen Stressoren" am Arbeitsplatz mitgenommen wird. Wir Menschen sind nun einmal „Rudeltiere" und geraten unter Streß, wenn es im eigenen Rudel nicht stimmt.

Besonders Frauen lassen sich durch schlechtes Klima, Feindseligkeit und fehlende zwischenmenschliche Wärme weichklopfen oder sogar erpressen. (Bitte lieber Chef, hab' mich wieder lieb, ich halte das nicht mehr aus!). Weiterhin neigen wir dazu, schwelende Konflikte unter den Teppich zu kehren. Und das, obwohl wir sie deutlich spüren und unter ihnen (erwiesenermaßen stärker als Männer) leiden. Das „typisch weibliche" Harmoniestreben, gepaart mit einer guten Portion Angst, verhindert, daß der Konflikt direkt und offen angegangen wird.

Sie haben sich über jemanden geärgert, sagen dies aber nicht sofort. Statt dessen denken Sie: „Na ja, so schlimm war es ja auch wieder nicht" und machen gute Miene zum bösen Spiel. Beim nächsten Mal sind Sie schon empfindlicher geworden - sagen aber wieder nichts. Allenfalls reagieren Sie ein bißchen zickig und gereizt: „Der andere wird schon wissen, warum ..." Er weiß es aber meist nicht! Das einzige, was man mit dieser Strategie erreicht, ist eine rapide Verschlechterung der Stimmung. Es liegt was in der Luft. Bestraft wird dadurch aber nicht der andere, sondern man selbst. Der Stressor „sozialer Konflikt“ wird immer größer und ergreift schließlich Besitz von der gesamten Situation.

Aufgrund des aufgestauten Ärgers explodiert man eines Tages bei einer Kleinigkeit. Nicht selten setzt man sich dabei ins Unrecht. Diese „Mülleimer-Methode“ ist außerdem extrem unfair: Wochenlang wird Material gegen den anderen gesammelt. (Er wußte vielleicht gar nicht, was eigentlich los war. Die Stimmung war nur irgendwie mies). Dann bekommt er alles auf einmal über den Kopf gekippt. Sind Sie schon einmal Opfer dieser Methode geworden? Dann wissen Sie, wie hundeelend man sich nach solch einer Ladung Mist fühlt. „So schrecklich findet die mich, daß sie kein einziges gutes Haar an mir läßt. Das hätte ich nicht gedacht ...“

Wenn das nächste Mal dicke Luft im Team oder zwischen Ihnen und einer anderen Person ist, dann gehen Sie am besten nach unserem 7-Schritte-Programm vor. Machen Sie sich vorher klar, daß nicht die anderen, sondern Sie selbst das Problem haben. *Sie* stehen unter Streß, weil *Sie* sich geärgert haben. *Sie* sind sauer, weil Ihnen das, was zwischen XY und Ihnen im Augenblick abläuft, nicht paßt.

1. Konflikte rechtzeitig ansprechen:

Sprechen Sie den Konflikt gleich beim ersten Ärger an. Nicht erst, wenn Sie kurz vor dem Explodieren sind. Die Nachteile besagter Mülleimer-Methode kennen Sie ja! Der beste Indikator ist die wohlbekannte Streßreaktion. Wenn Ihnen der Kamm schwillt (Herzklopfen, rote Birne, schnelle Atmung, Gereiztheit ...) wissen Sie, daß es soweit ist. Jetzt sollten Sie etwas sagen!

2. Adrenalin „wegpumpen“:
Natürlich bringt es nichts, wenn Sie erregt in das Gespräch gehen. Wer wütend ist, kann nicht logisch denken, dafür umso besser schreien, heulen oder Türen knallen. Haben Sie „Wut im Bauch“, dann verlassen Sie den Raum. Sorgen Sie dafür, daß es Ihnen körperlich wieder besser geht. Ein zügiger Spaziergang, ein Spurt über die Treppe in den fünften Stock oder einige Kniebeugen helfen ungemein. Dabei wird Adrenalin verbrannt und Streß abgebaut. Es geht Ihnen spürbar besser.

3. Wie anfangen?
Auf keinen Fall mit einem Vorwurf. „Sie sind immer so ungerecht!“ Erinnern Sie sich: Nicht der andere, sondern *Sie* haben im Augenblick ein Problem. Überfallen Sie ihn also nicht. Geben Sie ihm die Gelegenheit, sich auf das Gespräch einzustellen. Formulierungsvorschlag: „Herr Balte, bitte nehmen Sie sich zehn Minuten Zeit, ich habe etwas auf dem Herzen.“ (Übrigens wieder so ein treffender Ausdruck für eine Streßreaktion.)

4. Was sagen?
Sagen Sie ruhig, daß sie augenblicklich sehr verärgert sind. Sie brauchen nicht abzumildern oder entschuldigend dazu lächeln! Sagen Sie es in Ich-Form: „Ich bin sehr verärgert!“ Über Vorwürfe, Anschuldigungen und Anklagen nach dem Motto: „ Sie sind grundsätzlich, Sie haben immer, Sie machen nie ...“ läßt sich wunderbar streiten. Darüber, daß sie momentan ein bestimmtes Gefühl empfinden, nicht.

5. Wie kritisieren?
Kritisieren Sie das Verhalten Ihres Kontrahenten und nicht die Person. Überlegen Sie doch einmal: Wie würden Sie selbst reagieren, wenn einer zu Ihnen sagt: „Sie sind unzuverlässig!“ - nur weil Sie einmal vergessen haben, den Sitzungsraum abzusperren? Fänden Sie es nicht akzeptabler

und treffender, wenn man Ihnen genau das vorwirft, nämlich „Sie haben vergessen, den Sitzungsraum abzusperren!“? Das läßt sich dann wohl kaum leugnen. Im ersten Fall reagiert man mit Wut und Empörung: „Das kann doch jedem mal passieren! Unverschämtheit, mich deshalb in Bausch und Bogen als 'unzuverlässig' abzuqualifizieren!“ Im zweiten Fall wird eher Betroffenheit und Reue ausgelöst. („Oh je, stimmt. Das darf mir nicht mehr passieren, daß ich Geschäftsunterlagen offen herumliegenlasse!“)

6. Zuhören:

Geben Sie dem anderen Gelegenheit, sich zu Ihrem Vorwurf zu äußern. Wiederholen Sie gegebenenfalls seine Erklärung („Sie hatten gestern zuviel zu tun, um diesen Brief noch zu schreiben“). Auf diese Weise werden Mißverständnisse und ständige Wiederholungen vermieden. („Aber ich hatte doch zuviel zu tun ...“ „Aber ich sage doch, ich hatte zu viel zu tun ...“ usw.)

7. Wie läßt sich eine solche Situation vermeiden?

Jetzt geht es in die konstruktive Phase des Konfliktgesprächs. Aber erst, wenn alles, was Sie geärgert oder gestört hat, ausgesprochen ist. Sonst ist die Luft nicht wirklich bereinigt. Der nächste Knatsch ist vorprogrammiert. Überlegen Sie gemeinsam: Wie sollte Ihr Verhalten und das des Konfliktpartners in Zukunft aussehen? Wie läßt sich vermeiden, daß Sie beide wieder aneinandergeraten? „Können wir uns darauf einigen: Wenn Sie zu viel zu tun haben, sagen Sie mir das sofort. Dann weiß ich, woran ich bin, und suche eine andere Lösung für mein Problem.“

Sie werden feststellen, daß es Ihnen besser geht, wenn der Konflikt angesprochen ist. Wenn Sie sich intensiver mit dem Thema Konfliktbewältigung beschäftigen möchten, dann schauen Sie doch einmal in das Buch ‹So bewältige ich als Frau Konflikte im Beruf› von Billen/Schepp-Winter (erscheint März 1993).

21. Zwischen Kochtopf und Computer

In unseren Teamentwicklungsseminaren „Männliche Führung – weibliche Führung“ machen wir meist eine interessante Beobachtung. Für einen Seminartag trennen wir männliche und weibliche Führungskräfte voneinander. Beide Gruppen (Männer und Frauen) werden in getrennten Räumen nach ihren Lebenszielen befragt. Wofür lohnt es sich, in diesem Leben Zeit und Kraft zu investieren?

Nach ausgiebiger Diskussion einigt sich jede Gruppe auf eine Rangreihe von Lebenszielen. Das Ergebnis sieht meist so aus:

Die Frauen finden folgende Inhalte am wichtigsten (in der Reihenfolge ihrer Wichtigkeit):

- Gesundheit und seelische Ausgeglichenheit
- Partnerschaft, Familie und Freunde
- Materielle Sicherheit
- Beruf, Karriere

Die Männer einigen sich dagegen auf diese Inhalte:

- Gesundheit
- Karriere, Status, Anerkennung
- materieller Wohlstand

- interessante Tätigkeiten, persönliche Entwicklung

Na – ist Ihnen etwas aufgefallen? Der persönliche Bereich (Partnerschaft, Familie, Freunde) fehlt bei den Männern völlig. Darauf angesprochen, meint meist einer der Seminarteilnehmer: „Ja, aber das ist doch selbstverständlich, das braucht man doch nicht extra aufschreiben!" Er erntet zustimmendes Gemurmel von seinen Geschlechtsgenossen.

Warum wohl sind viele Männer der Ansicht, daß Partnerschaft und Familie so selbstverständlich „funktionieren"? Daß man darüber eigentlich gar nicht nachdenken, geschweige denn Energie darauf verwenden muß? Doch wohl deshalb, weil sie aus einem alten Rollenselbstverständnis heraus argumentierten: Der Mann ist, via Karriere, für materiellen Wohlstand zuständig. Familie, Partnerschaft und soziale Verpflichtungen sind dagegen Frauensache. Dafür hat „Mann" eben keine Zeit.

Die Lebensziele der Frauen (weibliche Führungskräfte!) passen dazu: Für Partnerschaft und Familie lohnt es sich, Zeit und Kraft aufzuwenden – mehr noch als für Beruf und Karriere. Wie ein Zahnrad ins andere greifen weibliches und männliches Rollenverständnis ineinander.

Aufgepaßt: Es geht uns nicht darum, ein Werturteil abzugeben, wer die besseren, vernünftigeren Ansichten hat. Wir wollen die Wurzeln eines Phänomens aufzeigen, das uns Frauen mit am meisten streßt: Die Doppelbelastung, das tägliche sich Aufreiben zwischen Haushalt und Beruf.

Besonders schwer haben es Frauen, die neben ihrem Beruf eine Familie mit Kindern versorgen. Oder sollte man umgekehrt sagen: Die neben ihren familiären Verpflichtungen und der Kindererziehung arbeiten? „Es ist wie mit einem Kippbild", sagte eine Seminarteilnehmerin: „Bin ich im Büro, muß ich ganz „Karrierefrau“ sein. Kaum betrete ich am Abend die Wohnung, soll ich mich, mit Haut und Haaren, in die Mutter und Hausfrau verwandeln. Die Umstellung zwischen diesen beiden Rollen kommt mir vor wie ein Wechselbad!“ „Selber Schuld!“ antwortet sofort eine strenge Stimme tief in uns. „Warum mußt Du Dir das auch antun. Verzichte doch einfach auf Kinder oder auf Karriere. Kannst wohl den Hals nicht voll genug kriegen!“

Aber ganz so einfach ist es eben nicht. Selbst Frauen, die keine Kinder haben, fühlen sich nebenberuflich verpflichtet, einzukaufen, die Wohnung zu schrubben und das Geburtstagsgeschenk für die Eltern ihres Freundes zu besorgen. Sie engagieren sich in beiden Bereichen gleichzeitig. Sie fühlen sich schuldig, wenn der Freund abends den Kühlschrank öffnet und vorwurfsvoll seufzt: „Schon wieder kein Bier im Haus!“ Die klassische Geschlechterrollenverteilung holt auch Karrierefrauen ohne Kinder ein.

Die Doppelbelastung ist einer der Hauptstressoren berufstätiger Frauen. Eine Reihe von Forschern (und noch mehr Forscherinnen) haben in den letzten Jahren Ursachenforschung betrieben. Hier sind die wesentlichen Ergebnisse:

- Die klassischen Geschlechterrollen haben sich gewandelt und damit auch die Erwartungen der Gesellschaft an Männer und Frauen. Für Frauen heißt das: Es reicht heute nicht mehr, „nur“ Hausfrau und Mutter zu sein. Die schicke, selbständige Karrierefrau genießt weit mehr Ansehen als die kinderwagenschiebende Mutti. Aber Frau soll bittschön auch weiblich sein. Und dazu gehört es nun mal, Kinder zu bekommen. Also müssen beide Rollen gleichzeitig erfüllt werden(14).

- Mangelnde soziale Unterstützung durch die Umwelt: Ein Kind versagt in der Schule. Der Frau unterläuft ein

Fehler am Arbeitsplatz. Klappt der Eiertanz zwischen Beruf und Familie einmal nicht, reagiert die Umwelt ungnädig: Schuld ist immer die Frau! Mit Unterstützung durch die Umwelt kann frau weder am Arbeitsplatz noch zuhause rechnen(10).

- Die betrieblichen Voraussetzungen dafür, daß Frauen (und übrigens auch Männer) sich Beruf *und* Familie widmen können, fehlen. Das gilt vor allem für die alten Bundesländer. Betriebskindergärten, moderne Heimarbeit oder Job–Sharing haben Seltenheitswert. Wie wir in einer eigenen Studie(13) feststellen mußten, sind diese familienfreundlichen Maßnahmen in den allermeisten Unternehmen weder vorhanden, noch geplant. Damit werden Frauen und Männer trotz gewandelter Bedürfnisse in die alte Geschlechtsrollenverteilung gezwungen. Frauen müssen einen rasanten, aufreibenden Spurt zwischen dem Kindergarten am Ende der Welt, der Wohnung und dem Arbeitsplatz vollführen. Vorausgesetzt, sie haben überhaupt einen Kindergartenplatz ergattert!

- Frauen tragen nach wie vor die Hauptlast des Haushalts. Das kostet Zeit und Energie, die dann am Arbeitsplatz fehlt. Frau kann sich nicht ohne weiteres Überstunden leisten. Sie nutzt ihre Freizeit nicht für Fortbildung oder zur Regeneration. Im Gegenteil: Tütenschleppend, kranke Opas pflegend und fensterputzend verbringt sie ihr Wochenende. Die Folgen: Viel früher, als es ihrem Fach– oder Führungspotential entsprechen würde, bleibt sie auf der Karriereleiter stehen.

- Widersprüchliche Anforderungen zwischen Haushalt und Beruf zwingen die Frau, ständig zwischen völlig verschiedenen Rollen umzuschalten: Kompetent, hart und rational am Arbeitsplatz; einfühlsam, liebevoll und fürsorglich zu Hause. Auch die Tätigkeiten unterscheiden sich in beiden Bereichen deutlich voneinander und erfordern ein ständiges Umdenken(10).

Da vergeht einem doch beinahe die Lust, den Spagat zwischen „Familie und Beruf“ zu turnen! In der Tat sollte jede Frau sorgfältig überlegen: Worauf lasse ich mich ein, wenn ich beides verwirklichen will? Um so erstaunlicher ist es, daß das psychische Befinden und die Lebenszufriedenheit dennoch bei Frauen am höchsten zu sein scheint, die es geschafft haben, Beruf und Familie erfolgreich miteinander zu verbinden(15).

An dieser Stelle ist guter Rat teuer. Was ist die Lösung aus dem Dilemma? Wir würden es uns zu einfach machen, die „Entweder-Job-oder-Hausfrau/Kinder-Lösung“ zu propagieren. Jede Frau hat ein Recht, sich in beiden Bereichen ihres Lebens zu verwirklichen.

Wenn Sie sich schon für die Doppelbelastung entschieden haben, so müssen Sie auf zwei Ebenen kämpfen.

1. Die Veränderung Ihrer Einstellungen und Ihres Verhaltens und
2. die Veränderung der gesellschaftlichen Bedingungen.

- Arbeiten Sie daran, sich nicht mehr für alles und jedes im Haushalt verantwortlich zu fühlen. Delegieren Sie Aufgaben an Ihren Partner und die Kinder. Entlasten Sie sich durch eine Putzfrau. Sie leisten Ihren Beitrag durch Ihre Berufstätigkeit und für den Haushalt ist Ihr Partner ebenso zuständig. Auch Ihr Partner kann Ihr Kind nachts mal trösten oder nach Dienstschluß im Supermarkt einkaufen.

- Prüfen Sie einmal nach, ob Sie ganz bestimmte Haushaltstätigkeiten nicht reduzieren können, etwa, wie häufig Sie Fenster putzen, welche Wäsche Sie bügeln, ob

Sie abends unbedingt warm essen müssen. Manche Verpflichtung ist aus Mutters Verhaltenskiste übernommen. Und Sie haben nie geprüft, ob Sie heute noch in Ihren Tagesablauf paßt.

- Lassen Sie sich kein schlechtes Gewissen einreden, wenn Sie sich abends nach Geschäftsschluß eine kleine Entspannungspause für sich ganz alleine gönnen. Ihre Kinder haben auch nichts von einer entnervten, zeternden Mutter, die schon an der Haustür wegen des achtlos hingeworfenen Schulranzens in der Ecke loskreischt. Auch wenn Ihre Kinder den ganzen Tag noch nichts von ihrer Mutter gehabt haben, sind Sie jetzt im Augenblick kraftlos und erschöpft. Vielleicht können Sie es einplanen, daß Sie sich vor dem Nachhausegehen noch 10 Minuten in ein Café setzen. - Den Kindern ist es schwer verständlich zu machen, daß Sie zwar schon zuhause, aber für die Kinder noch nicht ansprechbar sind.

- Planen Sie sich ab und zu mal einen kinderfreien Tag ein, an dem Sie die Kinder dem Partner, der Verwandschaft, Freundinnen oder einem Babysitter in Obhut geben. Sie sind deshalb keine Rabenmutter.

- Tun Sie sich mit anderen Frauen in Ihrem Betrieb zusammen und kämpfen Sie für einen Betriebskindergarten. Sollten die Öffnungszeiten in den öffentlichen Kindergärten mit Ihren Arbeitszeiten kollidieren, hilft es nur, sich auch dort aktiv stark zu machen für eine Veränderung der Öffnungszeiten.

- Machen Sie am Abend nicht erst „Feierabend“, wenn Sie total erschossen sind und Ihnen schon die Augen zufallen. Wir wissen, Sie kommen von der Arbeit nach Hause mit einer Liste vor Augen, was Sie heute noch alles dringend tun müssen ... Prüfen Sie ernstlich, was passiert, wenn Sie dies heute nicht erledigen. Sortieren

Sie Ihre Liste nach Wichtigkeit. Sie könnten sich vielleicht auch schon nach Erledigung der drei wichtigsten Punkte Feierabend gönnen? Sie bestimmen, wann es für Sie genug ist. Hören Sie auf, zu vergleichen, wie sauber es in Nachbarins Wohnung ist und daß man bei der Freundin auf dem Boden essen könnte. Wir wissen, selbstgekochte Marmelade und selbstgebackener Kuchen schmecken besser, doch müssen sie unbedingt sein? Setzen Sie Ihren eigenen Maßstab und teilen Sie die Kräfte ein, die Sie zur Verfügung haben.

Zum Abschluß noch eine erfreuliche Neuigkeit: Eben haben wir sehr junge Nachwuchsführungskräfte eines internationalen Hotelkonzerns trainiert. Die jungen Männer stellten „Familie" sogar an Nummer 1 ihrer Zielhierarchie. Der Wertewandel hält Einzug in die Führungsetagen.

„Der Tag danach"

„Du siehst ja heute wieder zum Anbeißen aus!" begrüßt Costa morgens auf dem Gang seine Kollegin Brigitte. Statt einer witzigen Entgegnung oder einer angemessenen Begrüßung bricht Brigitte in Tränen aus. Während Costa betroffen zurückbleibt, verbarrikadiert sich Brigitte auf der Damentoilette und heult wie ein Kind. Nach ein paar Minuten versucht sie sich zu fangen und öffnet vorsichtig die Tür. Die Luft ist rein. Niemand, mit dem sie höfliche Worte wechseln müßte. Brigitte geht zum Waschbecken und besieht im Spiegel die Bescherung. Natürlich ist das ganze Make–up verschmiert. Und dabei hatte sie sich solche Mühe gegeben, alle Spuren des nächtlichen Dramas zu beseitigen. Wie soll sie nur den Tag überstehen!

Viele wichtige Termine stehen an und dabei kann Brigitte nur an eines denken: Es ist aus! Rudi läßt sich scheiden! Zum dritten Mal an diesem Morgen macht Brigitte sich mit zittrigen Fingern daran, ihre äußere Hülle zu restaurieren. Gut, daß es nur der nette dicke Costa war, der ihr über den Weg gelaufen ist. Wenn das vor dem Geschäftsführer passiert wäre ...!

Natürlich schafft Brigitte an diesem Tag herzlich wenig. Sie ist unkonzentriert und menschenscheu. Ihr Herz schlägt bis zum Hals. Immer wieder nimmt sie den Telefonhörer in die Hand und überlegt, ob sie Rudi anrufen soll. Brigitte steht gewaltig unter Streß. Sie kann das Adrenalin förmlich spüren und das hat ausnahmsweise nichts mit ihrer Arbeit zu tun. Die Ursache liegt diesmal ausschließlich im Privatbereich, in einem sogenannten „kritischen Lebensereignis".

Die Studien der Amerikaner Thomas Holmes und Richard Rahe belegen, daß kritische Lebensereignisse hochwirksame Stressoren sein können. Die beiden Forscher untersuchten die relative Bedeutung verschiedener Lebensereignisse für den persönlich erlebten Streß. Die folgenden kritischen Lebensereignisse sind für fast alle Menschen am belastendsten:

- Tod des Ehepartners,
- Scheidung,
- Trennung vom Partner,
- Tod eines Angehörigen,
- eigene Verletzung oder schwere Erkrankung.

Kein Wunder also, daß Brigitte nicht nur zuhause entnervt, konfus und traurig ist, sondern auch am Arbeitsplatz. Sie kann den Kummer nicht einfach an der Haustüre ablegen, wenn sie ins Büro fährt. Die Trennung zwischen Beruf– und Privatleben ist ohnehin künstlich, die Streßreaktion immer die gleiche. Leistungsfähigkeit, Konzentration und Lebensfreude leiden auch, wenn man in einen anderen Bereich flieht. Jede, die einmal einen deftigen Liebeskummer erlebt hat, weiß, wovon wir sprechen!

Was also tun, wenn man mit einem wirklich schlimmen Lebensereignis fertig werden muß? Man kann dann doch nicht einfach blaumachen – oder? Doch, man kann und man sollte auch, um sich nicht hoffnungslos zu überfordern!

- Betrachten Sie sich zumindest während der ersten drei Tage nach dem Ereignis als krank. Sie sind es nämlich auch! Lassen Sie sich von Ihrem Hausarzt krankschreiben.

- Decken Sie Ihren Kummer nicht mit hektischen Aktivitäten und Ablenkungsmanövern zu. Nehmen Sie sich für die ersten Tage nichts weiter vor, als „den Tag zu überstehen".

- Nehmen Sie sich Zeit für sich, zum Nachdenken, Heulen, Fluchen. Sie brauchen diese Zeit, denn ein verdrängter Kummer kommt irgendwann wie ein Bumerang zurück. Es nützt nichts. Sie müssen durch – je gründlicher und früher, desto besser!

- Graben Sie sich nicht völlig ein. Am wohltuendsten ist die Gegenwart einer guten Freundin. Jemand, der nicht viel redet oder gar Ratschläge erteilt, sondern einfach zuhören und mitfühlen kann.

- Achtung! Die Unfallgefahr ist nach einem kritischen Lebensereignis deutlich erhöht. Lassen Sie das Auto lieber in der Garage.

- Auch wenn es schwerfällt: Tun Sie etwas für sich. Gehen Sie viel spazieren und treiben Sie Sport. Sie verbrennen

Adrenalin dabei und es geht Ihnen etwas besser.

- Finger weg von Beruhigungsmitteln, Alkohol oder übermäßig vielen Zigaretten! Wenn Sie versuchen, sich zu betäuben, leiden Sie buchstäblich wie ein Tier: Der seelische Schmerz bleibt, aber die Fähigkeit zur bewußten Verarbeitung des Ereignisses wird herabgesetzt.

- Lassen Sie sich etwas Gutes tun: Sanfte Massage, Friseurbesuch, von der Mutter bekochen und verwöhnen lassen ... Auch wenn Sie dabei weinen müssen, ist das viel besser als ständige Selbstgeißelung. Weinen tut gut. Man trauert richtig und kommt schneller über den Verlust hinweg.

Natürlich ist es mit drei Tagen Schonfrist nicht getan. Es dauert in der Regel ein bis zwei Jahre, bis ein kritisches Lebensereignis ganz verdaut ist. Aber – Gott sei Dank – nur in der ersten Zeit danach ist man zu nichts zu gebrauchen. Danach beginnt der allmähliche Genesungsprozeß. Nächtliche Rotationen und Heulanfälle werden seltener. Langsam hebt sich der Grauschleier, der alles überzogen hat.

Auch nach der „Akutphase“ wird der Kummer Sie noch oft überfallen. Sperren Sie sich nicht dagegen! Schließlich gibt es wirklich nicht so viele Ereignisse, die zu betrauern sich lohnt. Wenn der Verlust eines geliebten Menschen nicht dazugehört, was dann? Mit der Zeit schaffen Sie es, Ihre Trauerphasen besser zu plazieren und weitgehend im Privatbereich zu belassen. Sie sollten sich dennoch schonen und sich auch am Arbeitsplatz nicht zuviel zumuten. Nicht umsonst knacken sich Manager bevorzugt nach Scheidungen ihre Wirbelsäule! Der Hintergrund: Streß und unverdauter Kummer.

22. Der Geist ist willig, aber das Fleisch ist schwach

Erinnern Sie sich noch an Andrea aus dem ersten Kapitel. Stellen Sie sich vor: Andrea hat unser Buch gelesen. An der einen oder anderen Stelle erkannte sie sich wieder: „Stimmt eigentlich - da müßte ich etwas tun!“ Andere Kapitel hat sie überblättert: „Das interessiert mich nicht, das mache ich ja sowieso schon!“ Jetzt ist sie, wie Sie, am Ende des Buches angelangt, weiß eine Menge über Streß und dessen Bewältigung. Trotzdem geht sie morgen früh ins Büro, findet ihren übervollen Schreibtisch, den ätzenden Kollegen und einen ratternden Drucker vor - und verhält sich wie immer. Sie unternimmt nichts gegen die Stressoren. Der neue Jogginganzug bleibt bis zum Urlaub im Schrank. Der Alltag hat Andrea wieder. Alles bleibt beim alten. All das Wissen nutzt nichts.

Wozu also dieses Buch? Ist es nicht verlorene Zeit, sich theoretisch mit Streßbewältigung zu befassen, wenn man letztlich doch nichts an sich und seiner Umwelt ändert?

Auch Sie haben sich vielleicht schon einmal am Silvesterabend mit dem Sektglas in der Hand vorgenommen: „Nächstes Jahr wird alles anders“. Und - hat sich alles geändert? Haben Sie Ihre guten Vorsätze in die Tat umgesetzt?

Wir wissen, daß Rauchen schädlich ist, trotzdem rauchen wir. Wir wissen, daß dieses köstliche Sahnetörtchen unserer Figur schadet, trotzdem schlagen wir zu. Wir wissen, daß Sport und Bewegung an der frischen Luft gesund sind, trotzdem bleiben wir auf unserem Hintern sitzen. Warum eigentlich klafft eine so große Schere zwischen Wissen und Handeln?

Die Antwort ist einfach: Wir machen die Rechnung ohne den Wirt. Im Augenblick, wenn wir den Vorsatz zur Veränderung fassen, sehen wir nur die Nachteile unseres bisherigen Verhaltens: „Mein Raucherhusten bringt mich um!" Und die Vorteile, die damit verbunden wären, wenn wir endlich alles ändern würden: „Allein das Geld, das ich mir spare, wenn ich aufhöre ...". Dabei übersehen wir, daß auch schlechte Gewohnheiten eine ganze Reihe von Vorteilen haben: „Die Zigarette danach ...". Weiterhin ist mit einem neuen, anderen Verhalten nicht selten eine ganze Reihe von Nachteilen verbunden: „Wenn ich ernstlich aufhören will, muß ich aus unserer kettenrauchenden Bürogemeinschaft raus; außerdem nehme ich bestimmt wieder 10 Pfund zu ..."

Wollen Sie wirklich aus dem Kreis der Gewohnheiten ausbrechen? Das klappt nur, wenn Sie sich vorher die Vor- und Nachteile, die mit Ihrem bisherigen und mit dem neu geplanten Verhalten verbunden sind, bewußtmachen. Etwas verändern (z. B. dem Chef Paroli bieten, wenn er wieder einmal eine Attacke auf Ihre wohlverdiente Freizeit vornimmt), bedeutet zunächst einmal mehr Streß. Sie müssen sich trauen, argumentieren, verteidigen und riskieren dabei sogar noch etwas. Ist es da nicht leichter, bequemer und weniger beanspruchend, alles beim alten zu lassen? Kurzfristig sicher. Aber langfristig...? Das müssen Sie selbst entscheiden. Bekanntlich hat alles im Leben seinen Preis. Aber wenn Sie sich dieses Buch gekauft haben, ist es mit den paar Mark, die über einen Ladentisch gewandert sind, nicht getan. Der Preis für weniger Streß ist höher. Sie selbst müssen etwas dafür tun, daß Ihr Leben angenehmer wird. Nur Sie können nach einer sorgfältigen Prüfung der Vor- und Nachteile Ihrer Lebensgewohnheiten entscheiden, ob sich der Einsatz lohnt. Wenn Sie vor Streß Ihres Lebens nicht mehr froh werden, lohnt es sich bestimmt!

Wir möchten Ihnen dabei helfen, Ihre Vorsätze erfolgreich in die Praxis umzusetzen. Hierfür haben wir eine Übung – die wichtigste überhaupt! – für Sie entwickelt. Machen Sie mit? Wenn nein, verabschieden wir uns an dieser Stelle von Ihnen. Viel Glück oder besser gesagt Zufall bei Ihrer künftigen Streßbewältigung. Ja? Dann kann's losgehen:

1. Suche nach einem Ansatzpunkt

Blättern Sie Teil II und III dieses Buches nochmals durch. Die meisten Kapitel enthalten zum Schluß ganz konkrete Tips. Vielleicht haben Sie bereits Anregungen notiert. „Das möchte ich ganz konkret an mir selbst oder meiner Situation ändern, um in Zukunft weniger unter Streß zu leiden." Wenn nicht, notieren Sie die Punkte jetzt. Sehen Sie sich diese Punkte genau durch. Suchen Sie sich einen einzigen davon heraus. Es kann eine Kleinigkeit sein, mit der Sie Ihr Streßmanagement beginnen. Erst wenn es gelungen ist, diesen Vorsatz in die Tat umzusetzen, knöpfen Sie sich Punkt zwei vor. Und wiederholen die Übung. Immer der Reihe nach einen Tiger nach dem anderen bändigen. Nicht zu viele Kriegsschauplätze gleichzeitig eröffnen!

An diesem Punkt will ich jetzt ansetzen:

....

....

2. Ziel formulieren

Formulieren Sie Ihr Ziel positiv. Nicht „Ich möchte nicht mehr soviel arbeiten“, sondern „Ich möchte mehr Zeit für mich“. Ein positiv formuliertes Ziel motiviert viel mehr. Man weiß, wo man hinwill und welche Belohnung einem dafür winkt.

Positiv formuliert lautet mein Vorsatz:

....

....

3. Konkrete Formulierung

Wann, wo, mit wem und in welcher Situation beginnt Ihr neues Verhalten? Statt: „Ich möchte mehr Zeit für mich“, besser: „Ich werde jeden Dienstag und Donnerstag abends zwischen 18.00 und 20.00 Uhr nur für mich reservieren“. Statt: „Ich werde mich am Arbeitsplatz energischer durchsetzen“, besser: „Ich werde das nächste Mal, wenn Kollege XY mich ärgert, dies oder jenes klarstellen“. Legen Sie einen konkreten Auslöser für Ihr neues Verhalten fest: nächsten Dienstagabend, das nächste Mal, wenn Fall XY eintritt. Sie wissen dann: Genau jetzt ist der Zeitpunkt gekommen zu handeln!

Ganz konkret formuliert lautet mein Vorsatz:

....

....

4. Kontrollierbarkeit des Ziels

Ist Ihr Ziel realistisch und von Ihnen beeinflußbar? Haben Sie Ihr Ziel selbst in der Hand? Eine Million im Lotto zu gewinnen, ist ein frommer Wunsch, aber kein gutes Ziel! Welche Einflußmöglichkeiten haben Sie z.B. auf das Verhalten Ihrer Firma, Ihres Chefs, Ihres Partners, Ihrer Mutter? Mit einem Vorsatz, der auf der Annahme basiert, daß sich die anderen oder die Umwelt von selbst ändern sollen, werden Sie nicht viel Glück haben.

Ich habe folgende Einflußmöglichkeiten, um mein Ziel zu erreichen:

....

....

5. Die Rechnung nicht ohne den Wirt machen!

Welche Vorteile sind mit Ihrem bisherigen Verhalten verbunden? Welche Nachteile müssen Sie zunächst in Kauf nehmen, wenn Sie Ihre gewohnte Handlungsweise verändern? Und wie wollen Sie ganz konkret reagieren, wenn diese Nachteile zum ersten Mal auftauchen? Sie wollen schön schlank werden? Was machen Sie denn, wenn morgen Ihre Tante Käthe mit Ihrem Lieblingskuchen eine heimtückische Attacke auf den guten Vorsatz startet? Überlegen Sie sich ganz konkret, was auf Sie zukommen kann und wie Sie sich dann verhalten werden. Denken Sie gründlich darüber nach. Je mehr Ihnen einfällt, desto besser sind Sie für Ihr Vorhaben gerüstet!

Das wird mir höchstwahrscheinlich bei der Verwirklichung in die Quere kommen und so werde ich darauf reagieren:

....

....

6. Hilfe suchen

Nur an Schwierigkeiten zu denken, tötet jede Motivation. Es gibt sicher auch eine ganze Reihe von Hilfestellungen und positiven Argumenten. Wer oder was kann Ihnen dabei helfen, Ihr Ziel zu erreichen? Sie waren immer schon willensstark? Prima, diese Eigenschaft wird Ihnen sicher helfen! Sie kennen eine Freundin, die gern Sport treibt? Zu zweit fällt vieles leichter! Sie haben viele gute Argumente für Ihre Verbesserungsvorschläge am Arbeitsplatz? Das wird Ihren Chef vielleicht überzeugen!

Das wird mir helfen, meinen Vorsatz in die Tat umzusetzen:

....

....

7. Endgültige Entscheidung

Und jetzt, nachdem Sie alle Vor- und Nachteile Ihres Vorsatzes nochmals angeschaut haben, müssen Sie selbst die Entscheidung treffen: Will ich mein Ziel wirklich erreichen? Oder ist es mir doch zu schwierig und ich fange vielleicht erst mal eine Nummer kleiner an?

Ja, so lautet das Ziel, das ich mir fest vornehme:

....

....

8. In der Vorstellung trainieren

Um Ihren Vorsatz schneller zur Gewohnheit werden zu lassen, hat sich der Einsatz von Vorstellungen bewährt. Man spricht auch von „mentalem Training“. Unser Gehirn kann nicht unterscheiden, ob wir uns ein Verhalten nur vorstellen oder es tatsächlich ausführen. Je häufiger wir ein bestimmtes Verhalten gedanklich durchspielen, um so schneller wird es automatisiert, d.h. wir reagieren mit diesem Verhalten, ohne es uns bewußt vorzunehmen. Nehmen Sie sich deshalb Ihr Ziel, das Sie unter Punkt 7 formuliert haben, und malen Sie sich so oft wie möglich und so genau wie möglich in der Phantasie aus, wie Sie es bereits verwirklicht haben. Sehen Sie sich, wie Sie beispielsweise Ihrem Arbeitskollegen freundlich aber bestimmt Contra geben oder sich in der Mittagspause zu einem 15minütigen Spaziergang aufmachen. Das sollte allerdings dazu führen, daß Sie dann auch tatsächlich zur Tat schreiten und es nicht bei einer schönen Tagträumerei belassen, in der Sie wie Supergirl die Schurken jagen, während der Alltag unverändert bleibt. Merke: Lippenspitzen genügt nicht - es muß auch gepfiffen werden!

Wenn es Ihnen gelungen ist, mit Hilfe dieser Übung Ihren persönlichen Umgang mit Streß ein Stück weit zu verbessern, können Sie sich an das nächste Ziel heranwagen. Zug um Zug können Sie so all Ihre Faktoren angehen, die Ihnen jetzt noch das Leben schwermachen.

Wir wünschen Ihnen viel Erfolg!

Anhang

Die folgende Literaturliste enthält im Text zitierte Untersuchungen mit Quellenangaben.

(1,4) Baucom, D. H. & Weiss, B. (1986). Peers granting of control to women with different sex role identities. Implications for depression. Journal of Personality and Social Psychology. 51/5, S. 1075-1080

(11) Cox, C. L. & Glick, W.H. (1986). Resume evaluations and cosmetics use: when more is not better sex roles, 14, 51-58

(5) Fischer, S. & Richter, J. (1969). Selective effects of the menstrual expe-ri enec upc anisekon bod percepti on Psychosomat Medicine 31/5, 365-371

Haemmerlie J.M. & Montgommery N.L. (1987). Psychological state and menstrual cycle. Journal of Social Behavior & Personality, 2/2, 234-242

Koeske & Koeske (1975). An attributional approach to moods and the menstrual cycle. Journal of Personality and Social Psychology, 31/3, 473-478

(12) Hibbard, J. H. & Pope, C. R. (1987). Employment characteristics and health status among men und women. Women & Health,12/2, 85-102.

(10) Kolling, R. & Mohr, G. (1982). Psychische Störungen bei Frauen: Hinweise für Prävention und Therapie. In G. Mohr, M. Rummel & D. Rückert (Hrg). Frauen. München Schwarzenberg.

(6) Lehr, U. (1982). Zur Lebenssituation älterer Frauen in unserer Zeit. In G. Mohr, M. Rummel & D. Rückert (Hg) Frauen. München: Urban & Schwarzenberg.

(13) Maier & Harss (1992). Der Wettbewerb um die Spitze ist kein Geschlechterkampf. Managment & Seminar, 2, 48-92

(8) Meisenhelder, J. B. (1986). Self-esteem in women: the influence of employment and perception of husbands appraisals image. Journal of Nursing Scholarship, 18/1, S. 8-14.

(15) Pietromonaco, P. R., Manis, J. & Frohardt-Lane, K. (1986). Psychological consequences of multiple social roles. Psychology of Women Quarterly, 10, S. 373-381

(3) Platt, D. (1991). Warum leben Frauen länger als Männer? Deutsches Ärzteblatt, 88/24/13, B1424-B1426.

(14) Sieverding, M. (1988). Attraktion und Partnerwahl: Geschlechtsrollenstereotype bei der Partnerwahl. Report Psychologie, 7, S. 9-14.

(7) Schmied, L. A. & Lawlwer, K.A. (1986). Hardiness, type A behavior and stress-illness relation in working women. Journal of Personality and Social Psychology, 51/6, 1218-1223

(2) Schnack, D. & Neutzling, R. (1991). Kleine Helden in Not. Jungen auf der Suche nach der Männlichkeit. Hamburg: Reinbeck

(9) Solomon, L. J. & Rothblum, E. D. (1986): Stress, coping and social support in women. The Behavior Therapist, 9, 199-204.

Literaturempfehlungen

Benard, Cheryl/Schlaffer
Grenzenlos weiblich. Europas schwaches Geschlecht: stark im Kommen, Köln 1990.

Stechert, Kathryn
Frauen setzen sich durch. Leitfaden für den Berufsalltag mit Männern. Frankfurt a.M. 1988.

Schenkel, Susan
Mut zum Erfolg, Frankfurt a.M. 1989.

Kück, Marlene
Der unwiderstehliche Charme des Geldes. Vom Umgang mit Geld aus der Sicht der Frauen. Reinbek 1988.

van Winsen, Christa (Hrg.)
Schluß mit der Männerwirtschaft. Frauen in Beruf und Ausbildung. München 1990.

Bloom/Coburn/Pearlman
Die selbstsichere Frau. Anleitung zur Selbstbehauptung. Reinbek 1979.

Belenky, Mary Field u.a.
Das andere Denken. Persönlichkeit, Moral und Intellekt der Frau. Frankfurt a.M. 1989.

Bestellanschrift für die Kassette
‹Systematische Muskelentspannung›
PLS Verlag, An der Weide 27-28, 2800 Bremen

Geplante Titel der Reihe ‹Frau im Beruf›:

Kozijn, Sabine
So bewerbe ich mich erfolgreich als Frau

Billen, Birgit/Schepp-Winter, Ellen
So bewältige ich als Frau Konflikte im Beruf

Sindram, Marion
Starten Sie Ihre eigene Image-Kampagne

Martin, Ilse
Zeitmanagement für Frauen

Adreßliste Netzwerke

FIM Frauen im Management
Golfstr. 7; 2057 Wentorf
Tel.: 040-7201099

EWMD - European

Ergo
Bornemannstr. 10
6000 Frankfurt 70
Tel.: 069-629669

Karriere-Hotline

Women's Management
Development Network
Rue Washington 40
B-1050 Brüssel

PÖMPS e.V.
Postfach 55
Lindenstr. 349
O-1560 Potsdam
Tel.: 0161-1410821

Bonner Forum
Oberaustr. 107
5300 Bonn 2
Tel.: 0228-347544

fif-Frauen in Führung e.V.
c/o AWW
Hagenstr. 48;
1000 Berlin 33
Tel.: 030-8262086

Münchner Wirtschafts-
forum
Schornstr. 8
8000 München 80
Tel.: 089-4485746

Arbeitsgemeinschaft
Kommunikation
Annostr. 27-33
5000 Köln 1
Tel.:0221-325261

Postfach 2634
4830 Gütersloh
Tel.: 05241-46188

Verein Management
Symposium für Frauen
Postfach 884
CH-8025 Zürich

Frankfurter Forum
Hainer Weg 50
6000 Frankfurt 70
Tel.: 069-618060

Die Spinnen e.V.
Beratungs- und Bildungszentrum
für Frauen zur Erwerbssituation
Bäuminghausstr. 46
4300 Essen 12
Tel.: 0201-311071

kom!ma
Verein für Frauen-Kom-
munikation e.V.
Luisenstr. 7
4000 Düsseldorf
Tel.: 0211-383861

Spartenübergreifende Berufsverbände

Deutscher Verband Be-
rufstätiger Frauen (DVBF)
Schornstr. 8
8000 München 80
Tel.: 089-4485746

B.F.B.M. e.V.
Im Forst 10
5000 Köln-Pol

Vereinigung von Unternehmer-
innen e.V.
Postfach 511030
5000 Köln 51
Tel.: 0221-375074

Lobby der Frauen

Deutscher Frauenrat
Bundesvereinigung deutscher Frauenverbände
und Frauengruppen gemischter Verbände e.V.
Simrockstr. 5; 5300 Bonn; Tel.: 0228-223008

Modellprojekte des Bundesministeriums für Frauen

Baden-Württemberg

Beratungsstelle für die berufliche Wiedereingliederung von Frauen
Wilhelmstr. 14
7140 Ludwigsburg
Tel.: 07141-920781

Weiterbildungsberatungsstelle für Frauen; Berufl. Förderung v. Frauen e.V.
Schloßstr. 96
7000 Stuttgart
Tel.: 0711-622878

Bayern

Frauenberatungsstelle Kommunaler Zweckverband der VHS
Amtsgerichtsstr. 6-8
8370 Regen
Tel.: 09921-4084-6

Beratungsstelle für Berufsrückkehrerinnen Stadt Regensburg
Haidplatz 8
8400 Regensburg
Tel.: 0941-5072432

Beratungsstelle für Frauen - Zurück in den Beruf - IHK Würzburg
Mainaustr. 33
8700 Würzburg
Tel.: 0931-4194-262

Berlin

KOBRA
Koordinierungs- und Beratungszentrum für die Weiterbildung von Frauen e.V.
Knesebeckstr. 33/34
1000 Berlin 12
Tel.: 030-8825783

Raupe und Schmetterling
Frauen in der Lebensmitte
Beratungsstelle für Berufsrückkehrerinnen
Pariserstr. 3
1000 Berlin 15
Tel.: 030-8836929

Bremen

Zurück in den Beruf
Am Wall 165-167
2800 Bremen
Tel.: 0421-321910

Hamburg

E.F.A. Erwerbslose Frauen Altona e.V.
Erzbergerstr. 1-3
2000 Hamburg 50
Tel.: 040-3902924

Hessen

Neue Wege-Neue Pläne
Verein zur berufl. Förderung von Frauen e.V.
Varrentrappstr. 47
6000 Frankfurt 90
Tel.: 069-702099

Beratungsstelle f. Berufsrückkehrerinnen (ZAUG)
Wilhelmstr. 15
6300 Gießen
Tel.: 0641-74972

Niedersachsen

Weiterbildungsberatung f. Frauen;
VHS Braunschweig
Leopoldstr. 6
3300 Braunschweig
Tel.: 0531-49617

Weiterbildungsberatung f. Frauen; Kath. Familienbildungsstätte
Bierstr. 17-18
4500 Osnabrück
Tel.: 0541-27026

Nordrhein-Westfalen

Beratungsstelle ‹Frau und Beruf›
ESTA Bildungswerk
Tannenbergstr. 23
4970 Bad Oeynhausen
Tel.: 05731-21223

Saarland

Beratungsstelle f. Berufsrückkehrerinnen
Kaiserstr. 8
6600 Saarbrücken 3
Tel.: 0681-93633-21

Rheinland-Pfalz

Frauenberatungsstelle ‹Zurück in den Beruf›
Friedrich-Ebert Str. 16
6740 Landau
Tel.: 06341-4051

Schleswig-Holstein

Weiterbildungsberatung von Frauen f. Frauen
Berufsfortsbildungswerk DGB
Schleswiger Chaussee 35
2250 Husum
Tel.: 04841-7060

Koordinierungsstelle Frau & Wirtschaft
Gesellschaft f. Wirtschaftsförderung NRW mbH
Kavalleriestr. 8-10
4000 Düsseldorf
Tel.: 0211-130000

Wenn Sie Fragen an die Autorinnen dieses Buches haben oder eine Beratung wünschen, dann wenden Sie sich bitte an:

T.W.I.S.T
Team für weibliche Identität,
Selbstmanagement, Training
Neureutherstr. 25
8000 München 40
Tel.: 089-2717303